I0833950

Poezja Katarzyny

W Zagrodzie

Katarzyna
Nowocin-Kowalczyk

W Zagrodzie

Historie z Pewnego Miejsca
Wierszem Spisane

Humor
Satyra
Fraszka
Bajka

Obrazy w książce: Andrzej J. Kolo

Ta książka jest fikcją. Nazwiska, postacie, miejsca i zdarzenia są wytworem wyobraźni autora lub są używane fikcyjnie. Wszelkie podobieństwo do rzeczywistych wydarzeń, miejsc lub osób żyjących lub zmarłych jest przypadkowe.

Numer ISBN: 979-8-9876100-4-6

Tytuł oryginalny: W Zagrodzie
Autor: Katarzyna Nowocin-Kowalczyk

Zdjęcie na okładce: Andrzej J. Kolo
Projekt okładki: Kay Umland
Obrazy w książce: Andrzej J. Kolo

Pierwszy druk 2023

Wydawca: Katarzyna Nowocin-Kowalczyk
https://www.katarzynank.com/

Mądry człowiek
wciąż się uczy.
Głupi już wszystko wie.

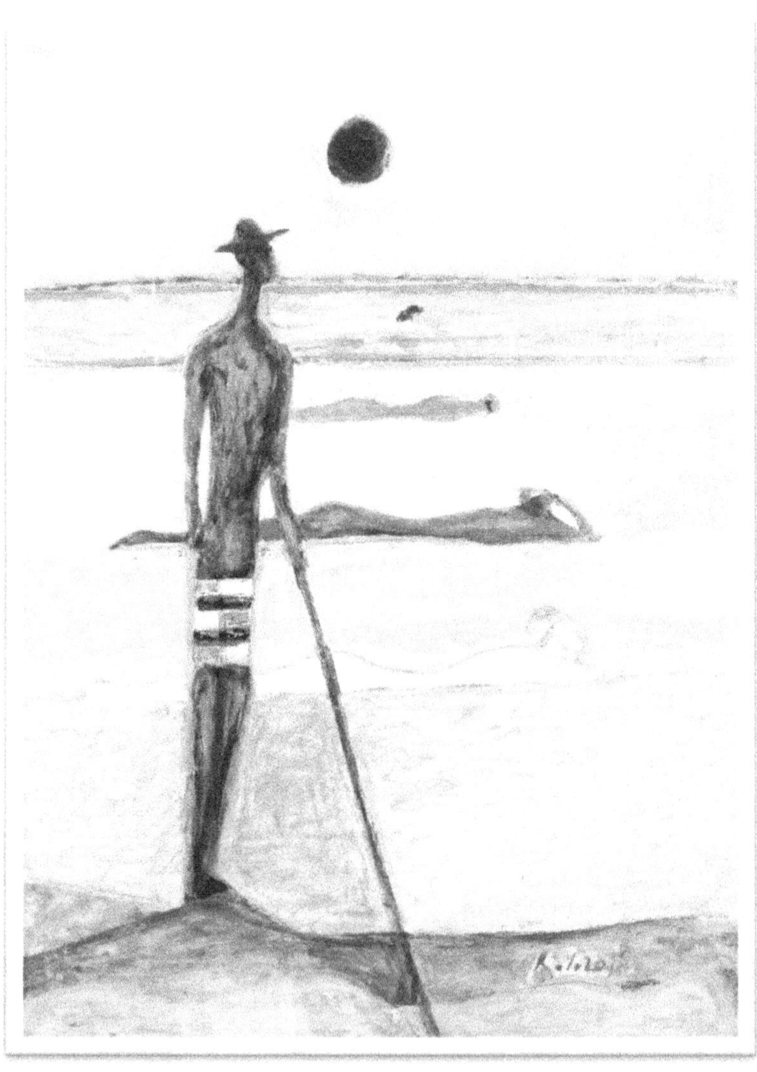

Od Autora

Żyjemy w historiach. I chociaż często o tym zapominamy, to poprzez historie postrzegamy otaczający nas świat i samych siebie. Często jednak nie uświadamiamy sobie faktu, że jesteśmy bohaterami jakiejś historii, czyli bajki, którą opowiadamy sami sobie o nas samych. Bo to wszak my sami piszemy ten scenariusz pt. 'Moje życie'.

Zapytasz Czytelniku czym jest Zagroda? Zagroda jest niczym innym, jak swoistą jaskinią Platona, czyli sposobem postrzegania opartym na naszych przekonaniach, wierzeniach i lękach. Zagroda to stan umysłu. Zamknięte pudełko głowy, z którego tak wielu boi się wyjść. To my sami tworzymy własne ograniczenia. Zagroda to pułapka naszego fałszywego Ego. Zagroda to Matrix. Czy można z niego wyjść? Oczywiście. Drzwi są otwarte. Wystarczy zaufać swojemu sercu i uwierzyć, że niemożliwe jest możliwe.

Jeśli fraszka zaboli, poruszy jakąś wrażliwą strunę wewnątrz nas, to znaczy tylko, że fraszka spełniła swoją rolę. I może zamiast obwiniać autora, warto się nad tym zastanowić. Bo być może właśnie to jest coś, z czym mamy problem, coś, co odrzucamy w sobie i tworzymy iluzoryczny obraz siebie samego. Nie chcemy lub boimy się z tym zmierzyć. Dystans i akceptacja są kluczem.

-Katarzyna Nowocin-Kowalczyk

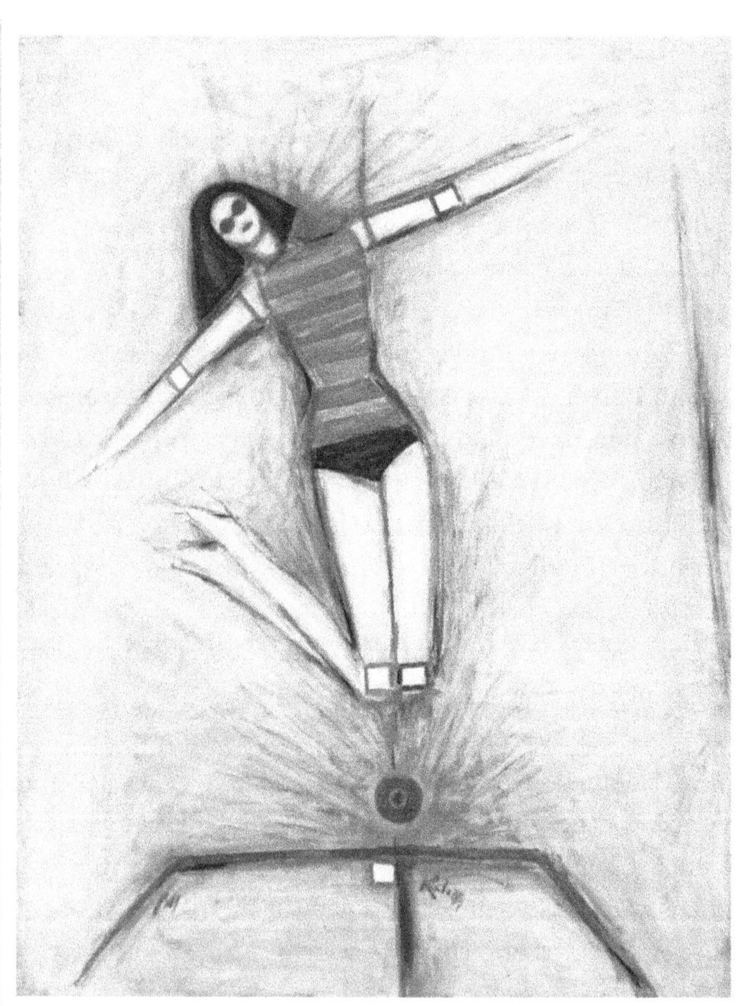

Recenzja

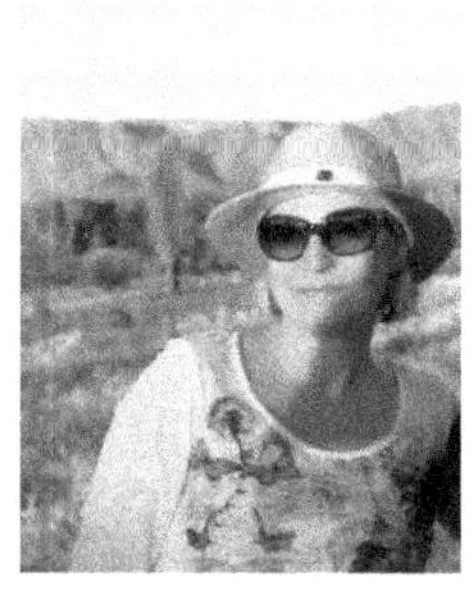

„W Zagrodzie" to książka będąca zbiorem wierszy satyrycznych Katarzyny Nowocin-Kowalczyk. Tytuł zbioru nieprzypadkowo nawiązuje do wnikliwych obserwacji otoczenia poczynionych przez autorkę.

„Są tu wrogowie i przyjaciele / Są politycy i kaznodzieje" zapowiada tytułowy wiersz. Jest tu również całkiem interesujący zwierzyniec: „Żuczek polityczek", „Próżny kotek" czy „Gąska pesymistka". Zgodnie z zasadami alegorii, „W Zagrodzie" Katarzyny Nowocin- Kowalczyk, zwierzęta mówią, myślą, czują i zachowują się jak ludzie, ze wszystkimi ich wadami i zaletami.

Książka jest bogato ilustrowana znakomitymi obrazami Andrzeja J. Kolo, co dodaje słowom autorki koloru i żartobliwości.

Mariusz Szczygieł powiedział kiedyś: „Człowiek jest w o wiele lepszym położeniu, gdy siedzi w drewnianej ruderze, w której się wszyscy śmieją, niż gdy tkwi w trzypiętrowej willi, w której wszyscy płaczą." „W Zagrodzie" Katarzyny Nowocin Kowalczyk z pewnością będzie nam weselej.

Elżbieta Chylewska,

Bibliotekarka, felietonistka, poetka

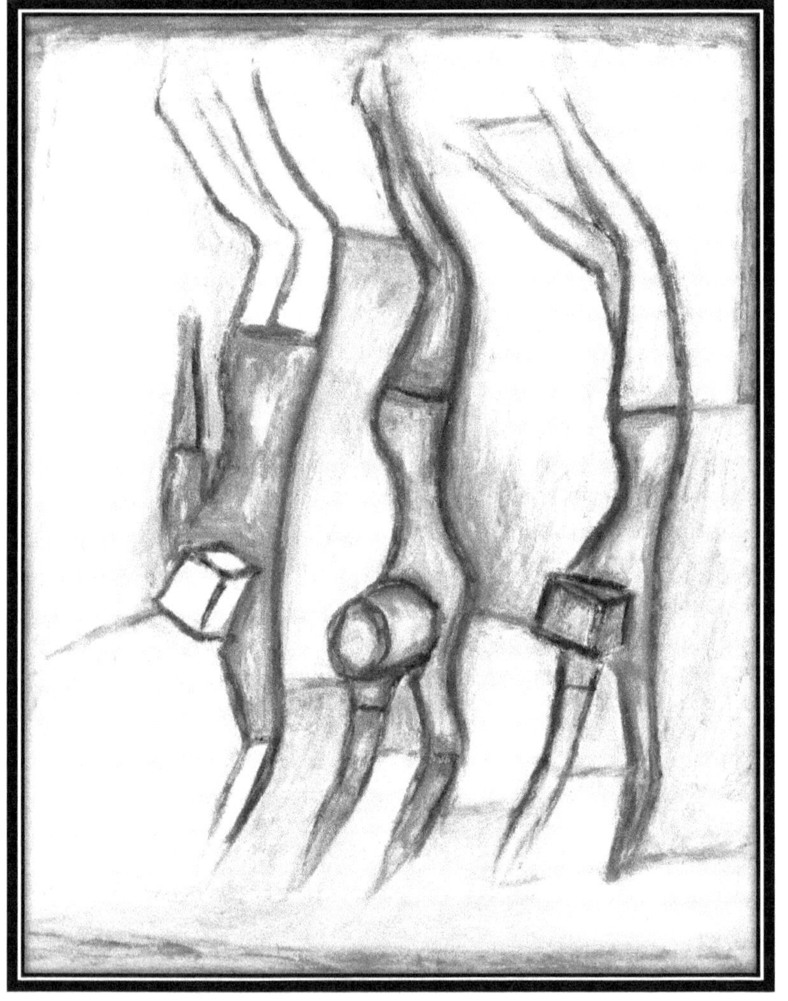

Zagroda

Tam, gdzie wszyscy myślą to samo,
nie myśli nikt.

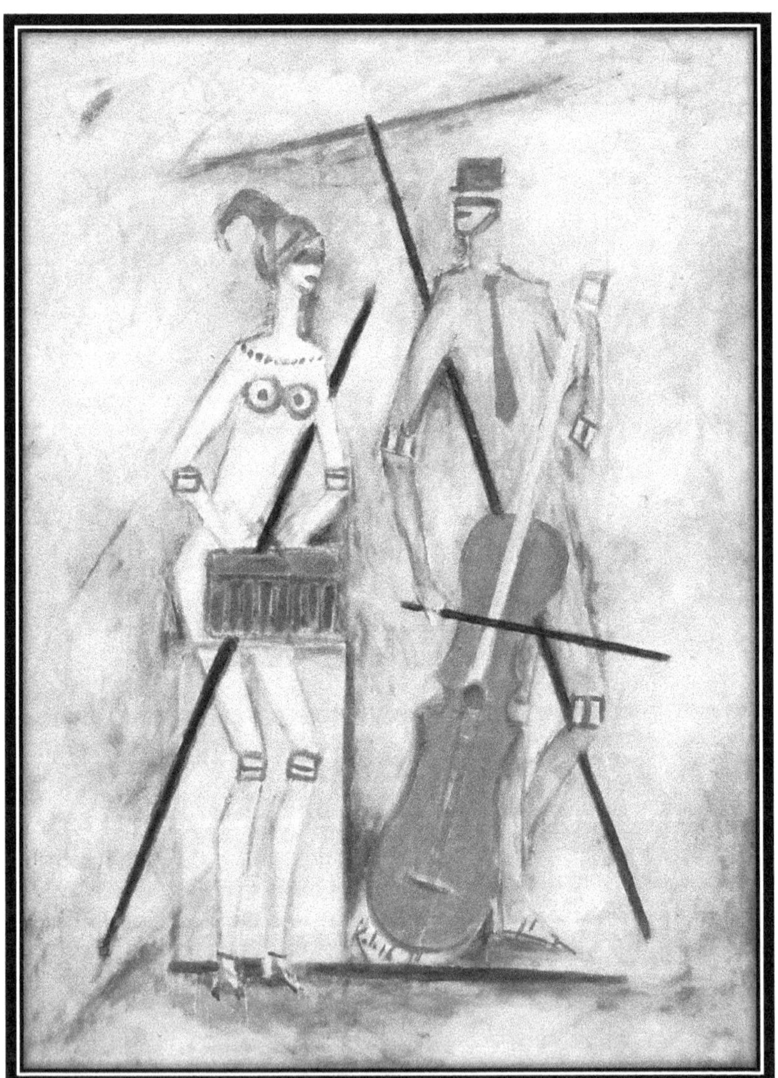

W Zagrodzie

W Zagrodzie „Raj' istot mieszka wiele
Są tu wrogowie i przyjaciele
Są politycy i kaznodzieje
Są też panowie i właściciele

Każdy z aktorów rolę ma życia
Każdy swój kostium ma do uszycia
Każdy ma drogę do przebycia
Każdy swe życie ma do przeżycia

Każdy ważniejszy jest od drugiego
Uważa siebie za cnotliwszego
Za bystrzejszego i mądrzejszego
Lub też po prostu, za piękniejszego

Wszyscy o wszystkich tu wszystko wiedzą
I życie innych uważnie śledzą
Gdy ich nie widzą, chętnie z nich szydzą
A jeszcze chętniej życie zohydzą

Kiedy się widzą, uśmiechy dają
Jednakże w oczy nie spoglądają
Niby coś mówią, wciąż narzekają
I dobre rady na wszystko mają

Zagroda z emocji mocnych słynie
Często też mowa o rękoczynie
Niejeden pięścią tutaj zasłynie
Choć nazywają siebie 'kuzynie'

Jest miłość mocno pogmatwana
Miłość krzykliwa i ta skrywana
Miłość zdradliwa i opluwana
I ta w piosenkach wyśpiewywana

I każdy o tej miłości marzy
Marząc, że może jemu się zdarzy
Że ktoś miłością swą go obdarzy
Miłości płomień w sercu rozjarzy

O polityce też rozprawiają
Choć mocno się przy tym pospierają
Polityków o złe obwiniają
A potem, tych samych wybierają

Pracują ciężko całymi dniami
Między radością a swymi łzami
Ślubami, chrzcinami a zgonami
Grzechami, mszami i spowiedziami

Gdy czas zabawy kalendarz daje
Wtedy w Zagrodzie radość nastaje
Wtedy historie bajarz rozdaje
A muzyk w piosenkach je sprzedaje

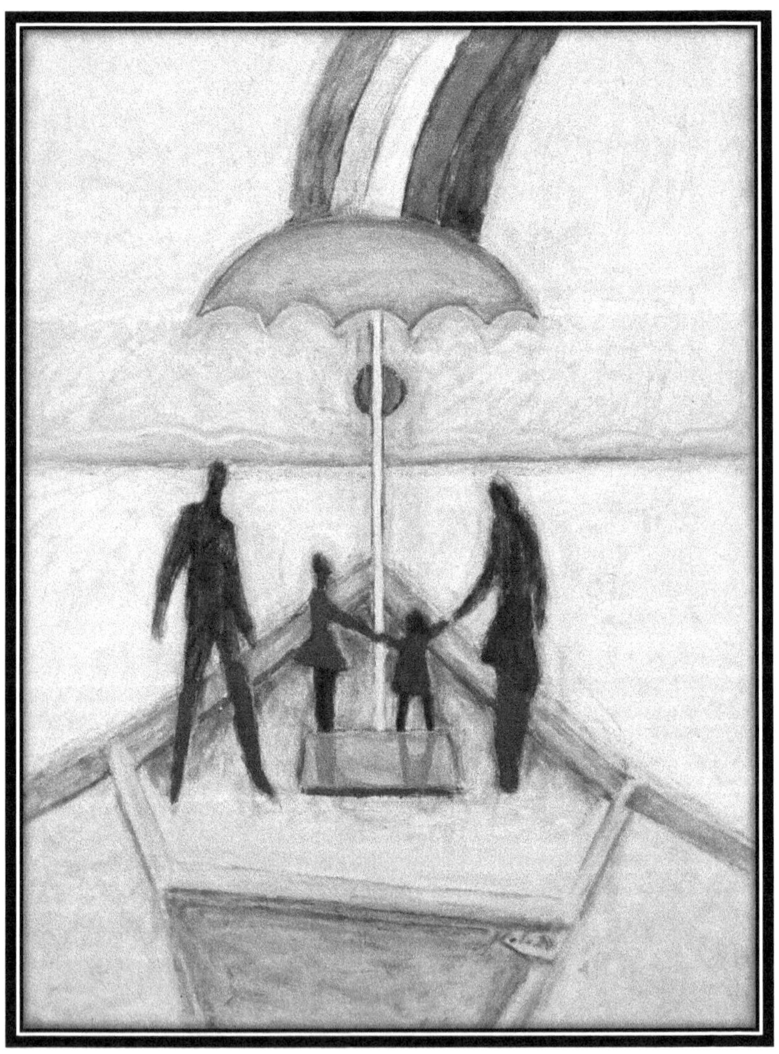

W Zagrodzie

Pan właścicielem jest tej Zagrody
I okiem bystrym dogląda trzody
Wie doskonale, gdzie są niezgody
Wie, gdzie są straty, a gdzie przychody

Każdy daninę zapłacić musi
Gdy się uchyla, to Pan go zmusi
Bo na lamenty Panowie głusi
A jeśli nie masz, to cię przydusi

Marzenia swoje mieszkańcy mają
Choć z problemami się borykają
Lecz te marzenia nadzieję dają
I chwile złe przetrwać pomagają

Zagroda, teatrem wszak jest życia
Każdy swą rolę ma do odkrycia
Każdy swą drogę ma do przebycia
Każdy swe życie ma do przeżycia

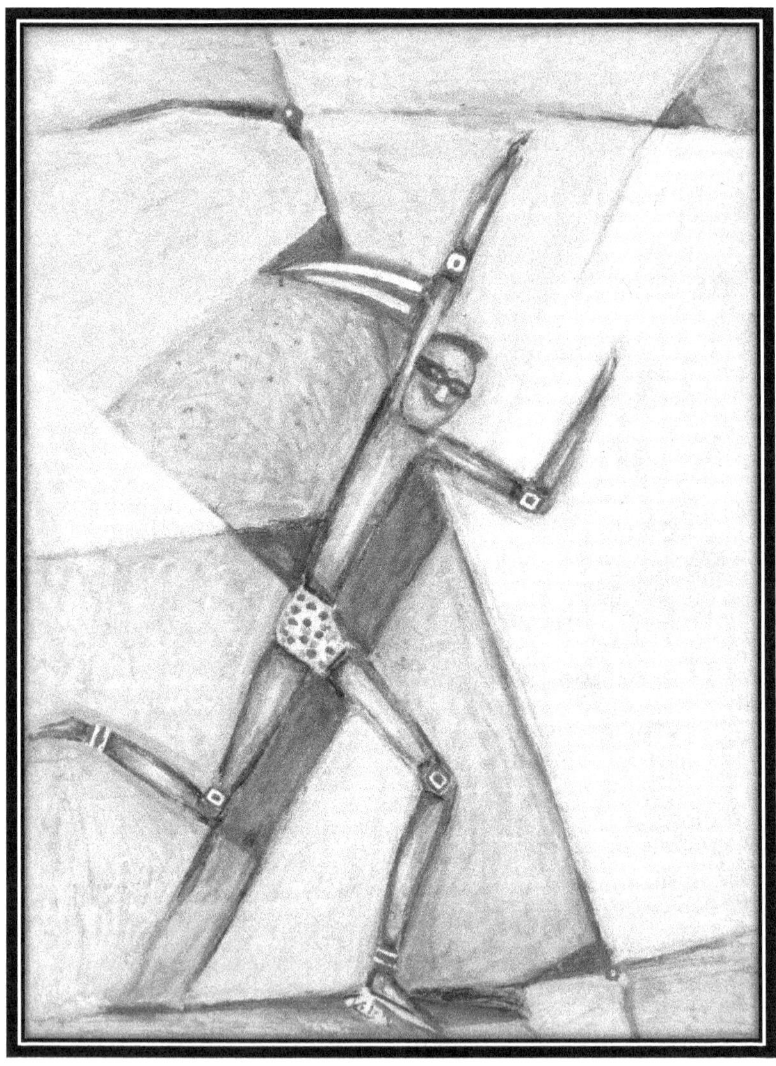

Robaczek Karierowicz

Robaczek na górkę się wdrapał
Krzyknął: - Jestem królem świata
I chociaż bardzo się zasapał
Był dumny, bo poświęcił lata

O jakże ważny jestem teraz
Myślał o sobie z uwielbieniem
Bez słowa spełniał każdy rozkaz
I nie rozmyślał nad znaczeniem

W głowie mu mocno zaszumiało
Gdy się swą władzą rozkoszował
Spojrzenie z góry omamiało
Swoją potęgę delektował

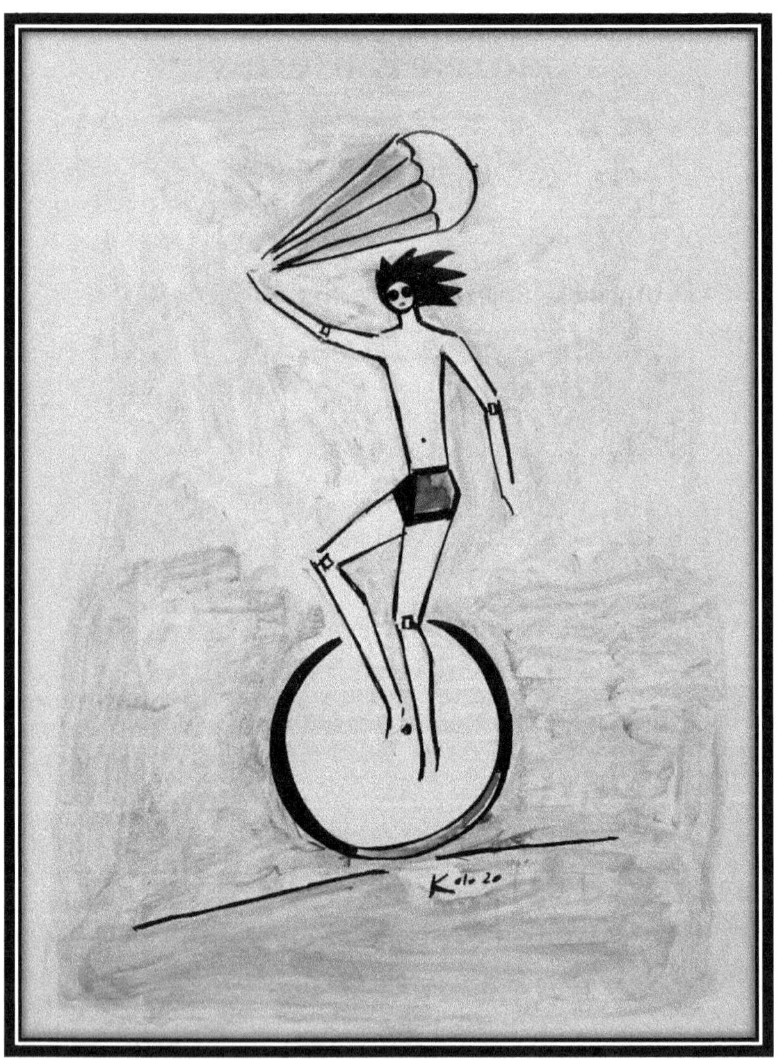

Robaczku - mądra kotka pyta
-Dlaczego nad innych się stawiasz
Twa władza jest hańbą okryta
Nie myślisz, lecz chętnie rozprawiasz

Władza to nie jest prosta sprawa
Potrzebna mądrość i rozwaga
Ty słyszysz tylko miernot brawa
A twoja postać to jest blaga

Robaczek słów kotki nie słuchał
I w swojej pysze się ogłupiał
Na protektorów swoich dmuchał
Gdy się obudził - to osłupiał

Ot, taka mądrość z fraszki płynie
By umiar mieć, innych szanować
Bo gdy się wdrapiesz po drabinie
Spaść łatwo i honor zmarnować

Żuczek Polityczek

Pewien żuczek-polityczek
Oglądając swój śmietniczek
Rzekł wspierając się patykiem
Będę wielkim politykiem

Jak powiedział tak też zrobił
Wielki plakat przysposobił
I ogłosił wszystkim wszędzie
Że najlepszy w rządzie będzie

Czego chcecie, to obiecam
Słowo daję, że nie bujam
Skopię tyłek opozycji
Wydam sądom inkwizycji

Na mnie głosy dajcie swoje
Bo to są nie lada boje
Ja najlepszym kandydatem
Obdarujcie mnie mandatem

Żuczek elokwentny w mowie
Bardzo sprawny też w rozmowie
I choć wiedzę miał nietęgą
Mamił wszystkich swą potęgą

Ludzie żuczka posłuchali
Swoje głosy mu oddali
Choć okazał się bandytą
Został sławnym celebrytą

Taki morał z fraszki płynie
Nie oceniaj ich po minie
Nie oceniaj po obrazku
Bo obudzisz się w Damaszku

Próżny Kotek

Pewien kotek śnił, że jest lwem
Chełpił się elit członkostwem
Żył na jawie swym wielkim snem
I nie wiedział, że jest głupcem

Lubił gadżety i cacka
Prestiż budować próbował
Myśl zwyciężała próżniacka
Nad innymi dominował

Powtarzał słowa słyszane
Jako mądrości swe mówił
Echem były one wybrzmiane
Swą osobowość gdzieś zgubił

Próżny Kotek

Pycha kotka ogarnęła
Władza w głowie zaszumiała
Duma szczyty osiągnęła
Pogarda ciosy rzucała

Lecz jak to ze snami bywa
Obudzić się przyszła pora
Bo Los zawsze nas ogrywa
Często używa topora

Gdy Ego jest niż Ty większe
Gdy Pycha wzrok twój przesłania
A Respekt znaczenie mniejsze
To wszystko głupca odsłania

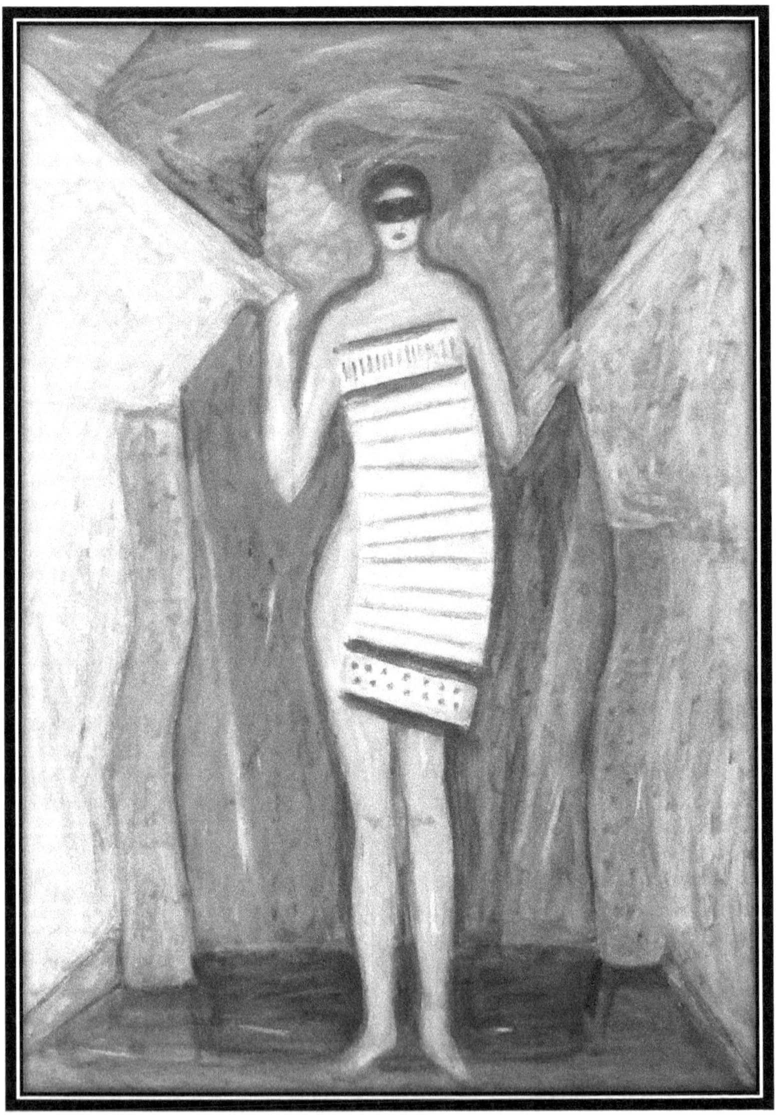

Grzeczna Kaczuszka

Pewna kaczuszka szara
Grzeczną dziewczynką była
Wiele kompleksów miała
W pudełku obaw żyła

Chciała, by ją lubiano
Wszystkim się przymilała
Mówiła, co kazano
Kłopotów nie sprawiała

Głosu swego nie miała
Bo echem innych była
Własnych marzeń się bała
Choć sen swój przecież śniła

Kaczuszko - mówi kotka
Dlaczego żyć się boisz
Jesteś zwykła miernotka
I w miejscu ciągle stoisz

Czemu na innych patrzysz
W ich oczach się przeglądasz
Przed życiem ciągle tchórzysz
Zdania sąsiadów wyglądasz

Zazdrość twe serce trawi
Szaleństwa wypatrujesz
Sen porażką się jawi
I wszystko cię frustruje

Chciałabym być łabędziem
Tańczyć i tupać nóżką
Lecz nic z tego nie będzie
Jestem tylko kaczuszką

Weź życie w swoje ręce
Nie bój się tupnąć nóżką
Tańcz przy swojej piosence
Bądź szczęśliwą kaczuszką

Gąska Pesymistka

Pewna gąska pesymistka
Wszystko wokół negowała
Zwała siebie realistka
i na czarno świat widziała

Swym gęganiem niewesołym
Innym skrzydła podcinała
Tonem raczej nader oschłym
Nie da rady – powtarzała

Gąsko miła, kotka rzecze
Uśmiech życie nam umila
I zbyteczne są twe miecze
Życie to jest jedna chwila

Po co gęgać, czarno widzieć
Lepiej życie jest smakować
Lepiej potknąć się niż siedzieć
Przez los danych szans żałować

Życie jest jak tęcza barwna
Tych kolorów jest tak wiele
Niepotrzebna wizja czarna
Ciesz się życiem mój aniele

Gąska tylko popatrzyła
Ona prawdę swoją znała
Piórka białe nastroszyła
W swój pesymizm podreptała

Myszka Narzekaczka

Pewna myszka bardzo mała
Wciąż na wszystko narzekała
I choć bardzo się starała
To się wszystkim zamartwiała

Rzekła do niej mądra Kotka -
Myszko bądź jak ta Dorotka
Tańcowała do kolutka
Nawet jak zgubiła butka

Słowa mają moc ogromną
I są bronią twą tajemną
Są dla życia twą pochodnią
Lub trującą świecą dymną

To, co mówisz, projektujesz
To, co mówisz, to zyskujesz
Kiedy uśmiech pokazujesz
Radość zewsząd absorbujesz

Jeśli szczęścia swego pragniesz
Śmiej się, gdy na deszczu zmokniesz
Raduj, gdy do celu biegniesz
Ucz się, gdy porażki dotkniesz

Myszka tylko posłuchała
Główką swoją pokiwała
Lecz się zmienić już nie chciała
Znów na wszystko narzekała

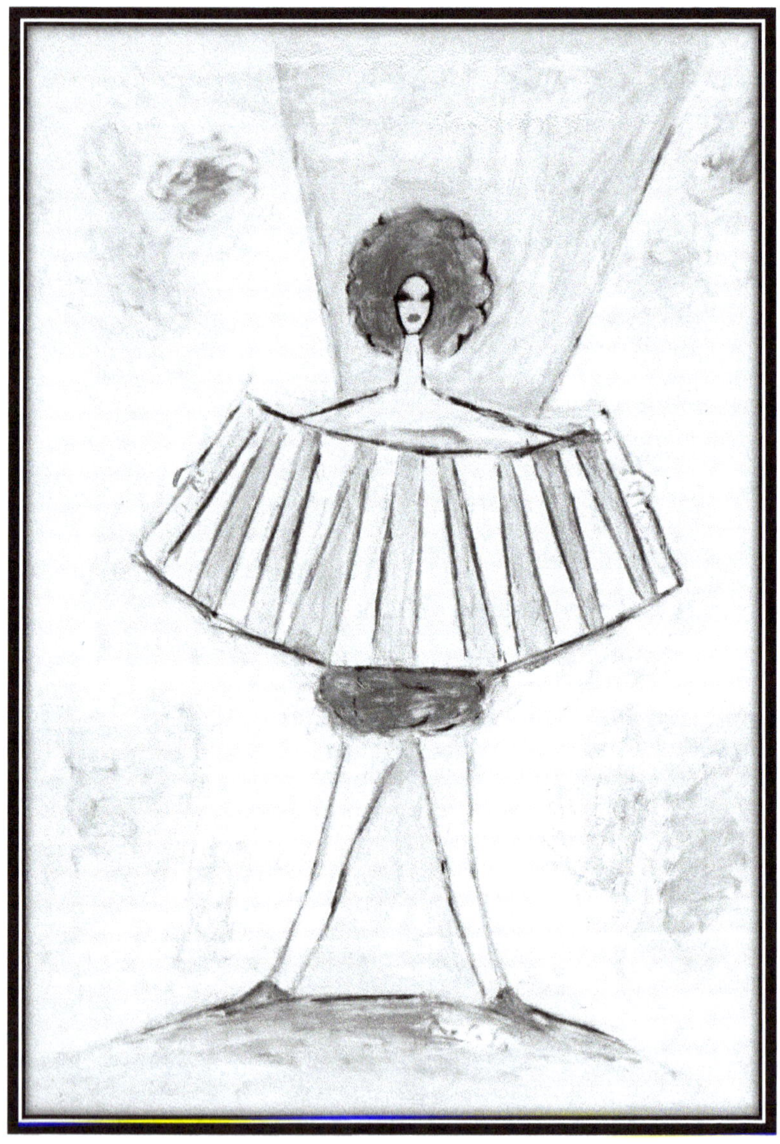

Wszystkowiedząca Sroka

Szara sroka tak już miała
Wszystkich wokół pouczała
Swą opinię narzucała
Lepiej od innych wiedziała

Do zwady iskry szukała
A powodów mnóstwo miała
Agresywna się stawała
Krzykiem innych ustawiała

Sroka wad swych nie widziała
Lecz je innym wytykała
Nie pytana oceniała
Życie innych osądzała

Przed wszystkimi się chwaliła
Najlepsza we wszystkim była
Argumenty marne miała
Lecz zawsze przodować chciała

Kiedyś sroka podumała
I swą mądrość sprzedać chciała
Więc na forum się wybrała
Gdzie do rzeszy mówić miała

Sroka błyszczeć uwielbiała
Najmądrzejsza przecież była
Chociaż wiedza jej kulała
Innych głosu nie słuchała

Gdy przed tłumem już stanęła
Gdy na podium już się wspięła
Z dumy aż się uśmiechnęła
I z tej dumy aż westchnęła

W pierwszych słowach miła była
Swe uśmiechy rozdawała
Innych słowa powtarzała
Jako swoje prawdy miała

Tłumowi się przymilała
Niczym gwiazda błyszczeć chciała
Lecz w tym tonie nie wytrwała
Swą naturę pokazała

Jestem sroka i mnie znacie
Jak nie znacie to poznacie
A gdy słów mych wysłuchacie
Całą rację mi przyznacie

Najprawdziwsza, prawda moja
Najmądrzejsza, mądrość moja
Najsłuszniejsza, racja moja
Mnie słuchajcie, nie Tołstoja

Ja wam powiem, jak żyć macie
Choć mnie wcale nie pytacie
Moje rady otrzymacie
Bo niczego nie kumacie

Tak się sroka nakręcała
Dysputantów obrażała
Swe opinie wciąż zmieniała
Argumentów nie słuchała

Tłum zupełnie podzieliła
Znajomych dobrych skłóciła
Dobre słowo odrzuciła
W swych emocjach zapętliła

Wreszcie mędrzec stary rzecze
Skończ już sroko swoje mecze
Zamknij dziób nim ktoś usiecze
I na ruszcie cię upiecze

Dręczysz, winisz i dokuczasz
Wszystkim błędy wypominasz
Swoje ego zadowalasz
Taktu nie masz i obrażasz

Głupota skrzydła ma lotne
Jednak życie jest ulotne
Twe ambicje górnolotne
A twe słowa nieistotne

Lecz te słowa krzywdę czynią
Gdy obrzucasz innych winą
Jesteś pychy hodowczynią
Umysł twój zamkniętą skrzynią

Jeśli chcesz pouczać innych
Wyjdź z pudełka głupot zwinnych
Zanim obwinisz innego
W lustro spójrz, znajdziesz winnego

Ruda Kura

Rudawa Kura żwawo kroczyła
Zagrody podwórko dobrze znała
I chociaż leciwa nieco była
To głos krzykliwy ta Kura miała

Kogo spotkała, to docinała
Każdemu łatkę swą przypinała
Sarkazmem Kura to nazywała
I w blasku fleszy się ustawiała

Wszystkich w Zagrodzie tej dobrze znała
O wszystkich tutaj dużo wiedziała
O swojej przyjaźni zapewniała
Zręcznie sekrety z nich wyciągała

Co chciała pamiętać, pamiętała
Co chciała słyszeć, to usłyszała
Często na grzędzie Kura siadała
I życie innych obserwowała

I chociaż ślepa ta Kura była
Robaka w innych nie przeoczyła
Robaków skrzętnie wyszukiwała
Gdy nie znalazła, sama tworzyła

Zagrodą całą wielce gardziła
Interesowność im zarzucała
I za plecami mocno bruździła
O przyjaźń fałszywą posądzała

Gdy zapraszali - krytykowała
Humory swoje pokazywała
Nie zapraszali - depresję miała
I jeszcze bardziej obgadywała

Aż kiedyś Kotkę Kura spotkała
I znajomością tą się chwaliła
Bo Kotka zarobić Kurze dała
Na benefity Kura liczyła

Historii Kury Kotka słuchała
I słowem dobrym obdarowała
W momentach trudnych Kurę wspierała
I smutki w radości przemieniała

Kura z przyjaźni korzystała
I często do Kotki przychodziła
Przyjaźń szczerą od Kotki dostała
Ale przyjaźni nie doceniła

Bo trudno docenić jest wartości
Które dla Ciebie słowem są pustym
Kiedy przepełnia Cię gorycz złości
To stajesz się królem krzywoustym

Zagroda przed Kotką drzwi zamknęła
Chociaż wszak przecież jej nie znała
Lecz słowom złym Kury przytaknęła
Kura do wszystkich ją obgadała

Łzy ciche z oczu Kotki spłynęły
W swój świat wtuliła się po cichutku
Jednakże nie słowa ją dotknęły
Zły język jest niczym chwast w ogródku

Kwiat piękny chwasty udają czasem
Prawdziwe kwiaty dusząc podstępnie
Zagroda zamknięta jest nawiasem
Złe słowo wije się w niej posępnie

Kotka językiem innym mówiła
Zagroda Kotki nie rozumiała
Kotka miłością innych tuliła
Zagroda kamienie w nią rzucała

Rudawa Kura obserwowała
Zadowolona z dzieła swojego
Do Kotki przymilnie odzywała
Twierdziła, że wszak nie wie niczego

Kotka do serca Kury spojrzała
Kamieni przeszłości gruzowisko
Samotność wielką i strach ujrzała
I różnych robaków wężowisko

Sarkazmem Kura strach przykrywała
Korzeniem chwastów serce zduszone
Samotność Kurę też przerażała
I dawne rany niezagojone

Ramieniem Kotka Kurę objęła
Do serca mocno ją przytuliła
- Kocham Cię Kuro – cicho szepnęła
Miłości energią otuliła

Łzy po policzkach Kury spłynęły
A z serca jej kamień wypadł duży
Robaki i chwasty gdzieś zniknęły
Dzień nastał Nowy w Kury podróży

Ze swego snu Kura się zbudziła
I wreszcie tę prawdę zrozumiała
Że choć Zagrodą tą pogardziła
To sama Zagrodę tę stwarzała

Chociaż od innych wyróżniać chciała
Chociaż za lepszą od innych miała
Chociaż tak wiele im zarzucała
To w ich odbiciu siebie widziała

Aby podwórko Zagrody zmienić
Drugą istotę trzeba docenić
Miłość, nie chwasty, należy plenić
Miłością Zagrodę rozpromienić

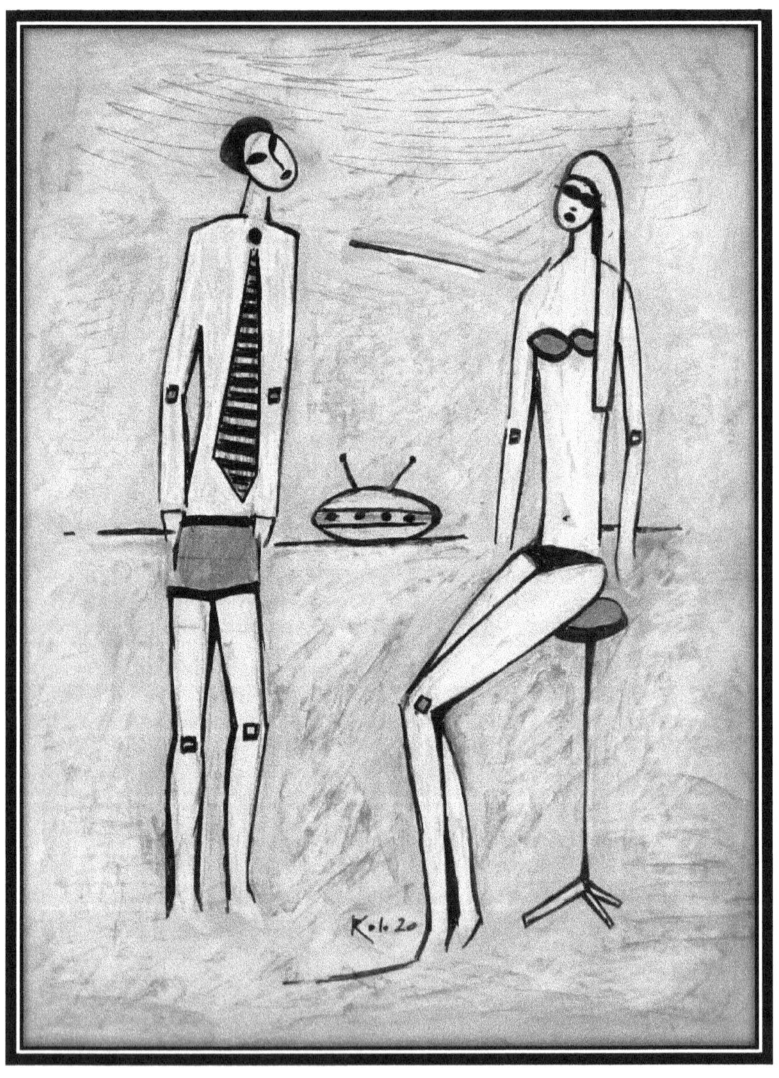
Kol. 20

Miłość w Zagrodzie

Miłość nie boli. To oczekiwania bolą.
Pozbądź się oczekiwań –
przestanie boleć.

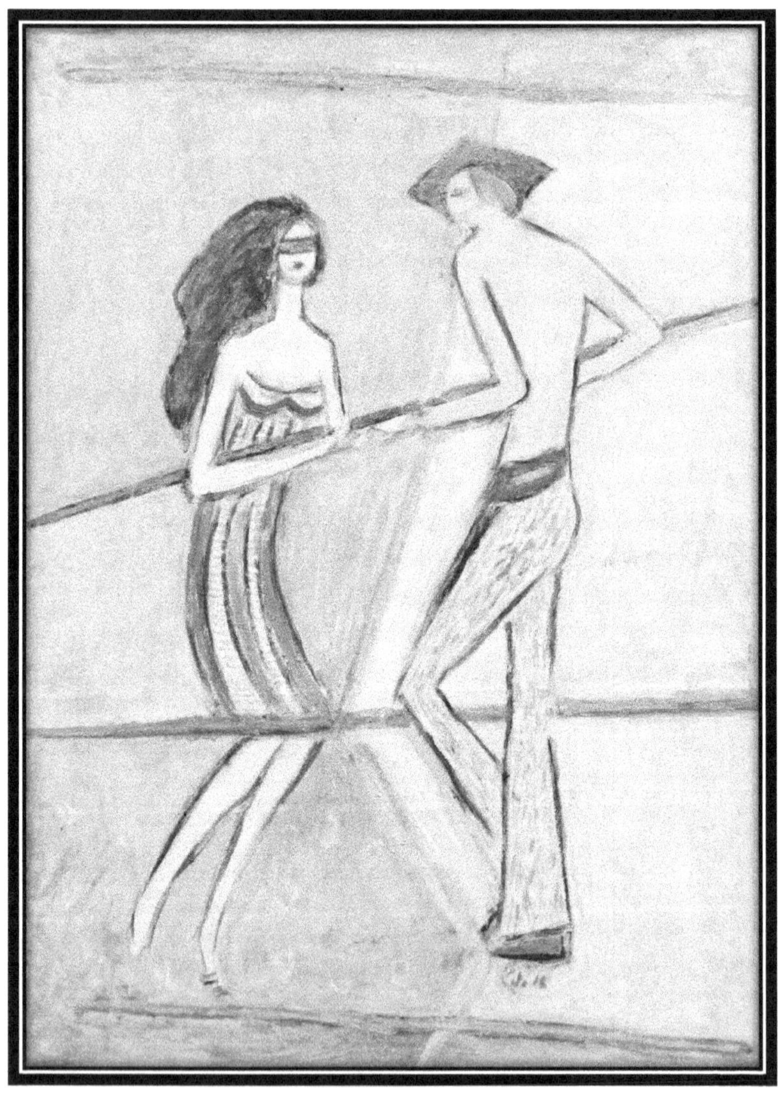

Kochliwy Kogutek

Żył na rancho kogut jurny
Nieco pyszny i czupurny

Energicznie piórka stroszył
Na podwórku się panoszył

Udowadniał wszystkim wokół,
że jest lotny niczym sokół

Śpiewał pięknie nasz Kogutek
Niezły z niego był filutek

I muzykę upodobał
Ponad wszystko ją miłował

Jako że pomocny w stadzie
Był lubiany w swej gromadzie

Pracowity w zagajniku
Lecz bałagan miał w kurniku

I choć nieco był leciwy
To nad wyraz też kochliwy

Żonka mu się zamarzyła,
By się w kuchni porządziła

Postanowił znaleźć kurę
Zaprowadzić dyktaturę

Kurek kugut miał bez liku
W przydomowym zagajniku

Aże spore on miał chucie
Każdą sprawdzał w swej kajucie

Każdej swe narzucał zdanie
Krytykował za gadanie

Kurki były, odchodziły
Kogucika porzuciły

Lecz on dalej chciał miłości
Chociaż miał też sporo złości

On był kogut nad koguty
Nie dostrzegał swojej buty

W końcu znalazł kurkę taką,
Co mówiła - cześć chłopaku

Na komnaty ją zaprosił
Pięknie piórka swoje stroszył

Kurka w nim się zakochała
Chociaż długo się wahała

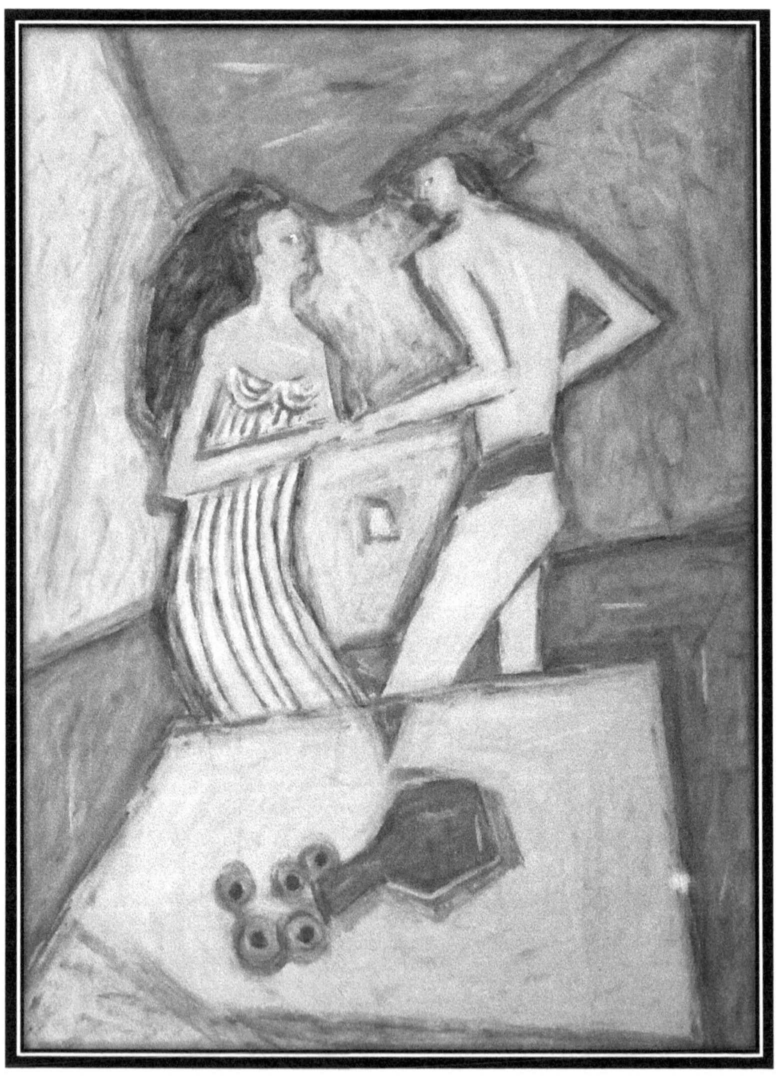

Kochliwy Kogutek

Kogut o miłości gadał
Piękne życie zapowiadał

Lecz kogucia to natura,
że się marzy dyktatura

Kurka przytakiwać musi
Do niczego go nie zmusi

Choć kogutka rozumiała
Czupurną naturę miała

To kogutka rozsierdziło
I doszczętnie zezłościło

Wyrzucił kurkę z zagrody
Doprowadził do niezgody

Kurka tylko zapłakała
Piękną miłość wspominała

Ale Kurka mądra była
Kogutkowi odpuściła

Mój chłopaku - Kurka rzecze
- Schowaj gniew swój na zaplecze

Śmiej się ze mną i poraduj
W swym kurniku się nie waruj

Świat jest piękny, życie krótkie
A niezgody są malutkie

Miłość nie każdemu dana
Gdy odtrącisz, w sercach rana

Lecz Kogutek nasz uparty
Dziub pokazał swój zadarty

Odejdź kurko w życie swoje
Ja już inne mam dziewoje

Kochliwy Kogutek

Miłość jest frazesem durnym
Niepotrzebnym i czupurnym

Miłość tylko komplikuje
Z mą wolnością koliduje

Żony ja chcę, nie, miłości
Uległej w swej zwyczajności

Ja chcę kurki do sprzątania
Prasowania, gotowania

Lecz w skrytości swej natury
O miłości marzył czułej

I o kurce swej kochanej
Tej czupurnej i wybranej

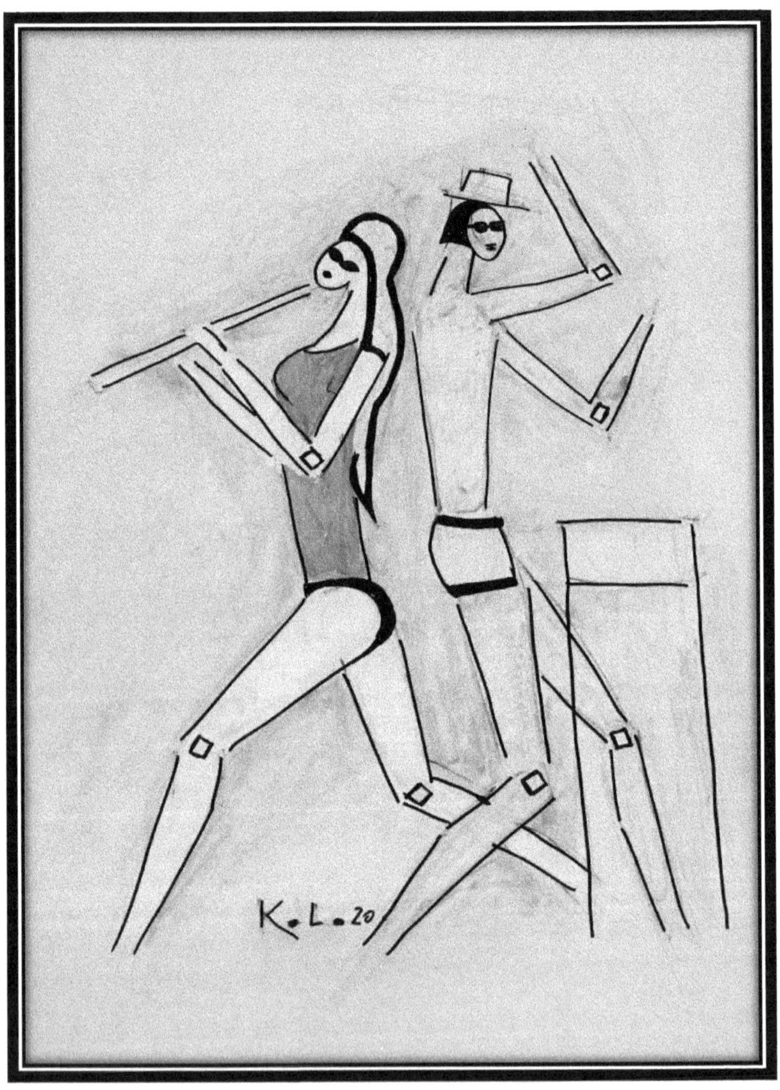
K.L.20

Sprytna Kwoczka

Sprytna Kwoczka tak grzebała
Pazurkami przebierała
Piórka swoje nastraszała
Że Kogutka wygrzebała

A Kogutek, bestia cwana
Rzecze do niej – „Ma kochana
Ma jedyna i wyśniona
Żonka moja wymarzona"

Kwoczka też nie głupia była
W lot interes swój zwietrzyła
Sprytnie też się zakręciła
I Kogutka poślubiła

Mężusiowi dogadzała
Chętnie mu przytakiwała
I obiadki gotowała
W swej dobroci, utwierdzała

Gdy już pewnie się poczuła
Gdy już plany swoje knuła
Gdy pajęczą nić usnuła
Kogutkowi humor psuła

Bo Kogutek, chociaż mały
Też był trochę przemądrzały
Potrzebował ciągłej chwały
Choć zaprzedał ideały

Bywał Kogut też uparty
Gdy się uparł, był zaparty
Mały dziobek był zadarty
Mały ptaszek nieotwarty

Z innej bajki Kwoczka była
Inną mową też mówiła
W zagrodzie wrogiej żyła
Obcym kogutkom służyła

Lecz Kogutka omotała
Przyszłość piękną obiecała
Swoim sprytem upajała
Czegoś, lecz nie przewidziała

Kogut serce miał zajęte
A uczucie niepojęte
Wdzięki Kwoczki obojętne
Jej amory nieprzyjęte

On służącej jeno szukał
Kwoczkę czasem też ofukał
Bo zrozumieć go, to sztuka
Nie pomoże tu nauka

W jego sercu Kurka była
Ta, co serce to zdobyła
I Kogutka polubiła
To, co dobre wydobyła

Kogut odejść jej nakazał
Chociaż miłość swą okazał
Swemu Ego tak dogadzał
Lecz i brat mu tak przykazał

O swej Kurce myślał stale
Choć minęły dwa kwartale
Na nic próżne Kwoczki żale
Bo nie kochał on jej wcale

Kwoczka być plasterkiem miała
Bardzo o to się starała
Wokół palca owijała
Ale wcale go nie znała

On zagrody swej pilnował
Swoją Kurkę też miłował
W myślach dziubek jej całował
Ukochaną tytułował

Kwoczka mocno się złościła
Że Kogutka nie zdobyła
Chociaż pewna tego była
I praw żony się nabyła

Inne kurki w tej zagrodzie
Nie ufały Kwoczce srodze
Wciąż szeptały coś o wschodzie
Oraz wrogim im narodzie

Gdy Kogutek się obudził
Kiedy chucie swe ostudził
Kiedy Kwoczką się już znudził
Poczuł jakże się ubrudził

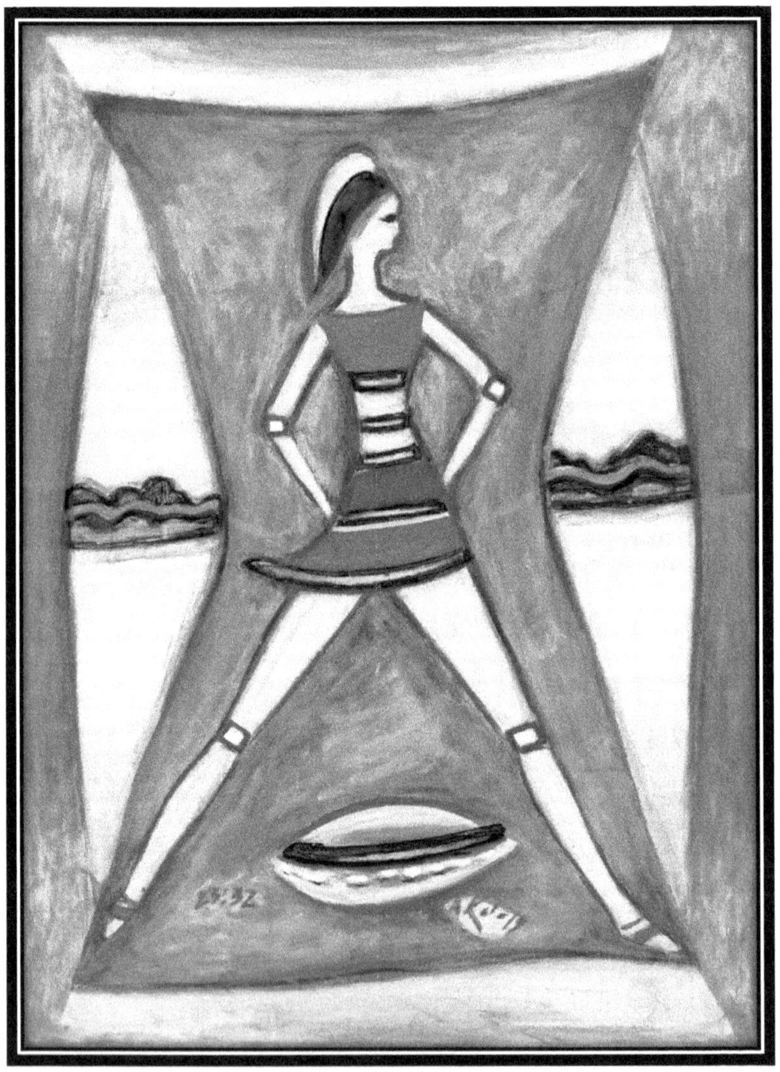

Kwoczka bardzo uwierała
Kogutkowi przeszkadzała
Chociaz Kwoczka się starała
Swój interes postrzegała

Idź już precz, Kogutek rzecze
Ciasta z tego nie wypieczesz
Idź, bo bardzo się rozwścieczę
I z zagrody cię wywlekę

Nie chcę ja mieć takiej żony
Jestem tobą już znużony
A twój naród jest skażony
Niepotrzebne mi ogony

Kwoczka słowem rozsierdzona
Bo z pogardą odrzucona
Z domu męża wyrzucona
Czuła się niedoceniona

Ona też już dość go miała
Jednak duma górowała
Kurnika Kwoczka zachciała
I z Kogutkiem wojowała

Na Kogutku mścić się chciała
Gniewem wielkim zapałała
A w zanadrzu broń chowała
Którą ona tylko znała

Lecz Kogutek łebski bywał
Groźby Kwoczki zadziobywał
Broń z pazurków powyrywał
Swoich spraw nie zaniedbywał

Wojowali miesiąc cały
Dzioby dwa się wykłócały
Winą siebie obrzucały
I do gardeł swych skakały

Choć ich miłość udawana
Nić pajęcza tak utkana
Kwoczka poszła precz przegrana
A jej sprawa nie ugrana

Lecz spotkała zaraz Mruczka
Zakręciła szybko loczka
Udawała, że z niej sroczka
Miała znów nowego żuczka

Kwoczka żuczka otumania
Przed nim wdzięki swe odsłania
Potrzebuje utrzymania
Do żeniaczki go nakłania

Kogut szybko piórka strzepał
Kiedy Kwoczce kuper skopał
Na podwórku swym zatupał
I do Kurki swej zastukał

Przebacz kurko moja miła
To głupota zaślepiła
Potem Kwoczka uziemiła
I swym jadem nasyciła

Tylko ciebie kocham szczerze
I o tobie tylko marzę
Życie swoje ci powierzę
Z tobą zawrzeć chcę przymierze

Kurka choć nieufna była
To Kogutka utuliła
Wszystkie grzechy wybaczyła
I do serca przytuliła

Jednak drzwi nie otworzyła
Inne życie Kurka miała
I do domu nie wpuściła
Kurka już nie zaufała

Sprytna Kwoczka

Kwoczka Żuczka przekonała
Czego chciała, to dostała
Sroczka z Żuczkiem wyjechała
Koguta źle wspominała

Słyszeć o nim więc nie chciała
Bo się w Żuczku zakochała
Swoje piosnki mu śpiewała
Sieć pajęczą uwijała

Kogut lekcję swą zrozumiał
Że miłości nie doceniał
W swoim sercu się zadumał
Bo miłość na kicz wymieniał

Miłość to uczucie boże
Sprytna Kwoczka nie pomoże
I plasterkiem być nie może
Tam, gdzie kłamstwo, tam bezdroże

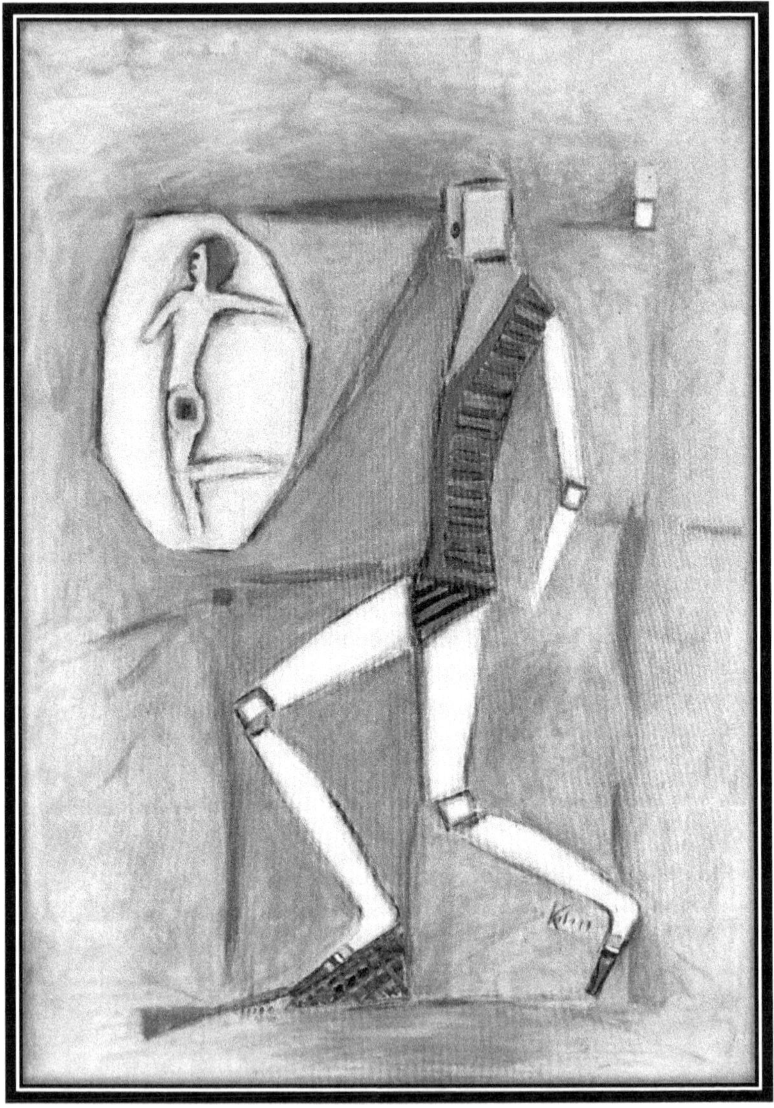

Indor

Po podwórzu Indor kroczy
Nikt mu tutaj nie podskoczy

Dumny niczym paw w ogrodzie
Indor rządzi się w zagrodzie

Ogon dumnie swój rozkłada
Pióra stroszy, strój nakłada

Chociaż główka jak makówka
To indora wizytówka

Koralami pobrzękuje
Swe mądrości wykrzykuje

Dziub zadarty, głowa prosta
Żaden kogut mu nie sprosta

Więc słuchają go koguty
Drwiąc po cichu z jego buty

Kury z dala go mijają
W ziemię suchą wzrok wbijają

Kaczki człapią po kaczemu
Kury gdaczą po kurzemu

Gęsi z dala pogęgują
Na korale popatrują

I choć zwą go zawadiaką
Też by chciały czerwień taką

Nawet pies, co wartę trzyma
To z indorem nie zaczyna

Tylko Kotka beznamiętnie
Mija ptaka obojętnie

To Indora zatrzymało
I zdumienie wywołało

Wszak to rzecz jest niepojęta
Kotce potrzebna zachęta

Rozłożył ogon z furkotem
I zaśpiewał swym gulgotem

Kotka nawet nie spojrzała
W swoim świecie się nurzała

Tam kolory, śpiew słowika
Nie ma miejsca dla indyka

To Indora rozsierdziło
Głowę jego rozpaliło

Kotka obsesją się stała
Bo uwagi nie zwracała

Pycha lubi być głaskana
Złości się, gdy odrzucana

Skrzydła swe rozłożył duże
I przeleciał przez podwórze

Na żerdzi się zadomowił
Obok Kotki usadowił

Kotka głowę odwróciła
Obojętnie popatrzyła

Przepych w piórkach, główka mała
Kotka ledwo śmiech wstrzymała

A, że grzeczna Kotka była
Do przybysza ukłoniła

Indor znowu zagulgotał
Koralami zatrzepotał

O mądrości swojej prawi
W swej wielkości wielce pławi

A im dłużej tak bulgotał
To w swych słowach się zamotał

Piórka stroszy, pierś wydyma
Ogon puszy, fason trzyma

Kurnik z boku obserwuje
Wielce z Indyka dworuje

Lecz Kotka w serce patrzyła
Samotność tam zobaczyła

Strachu też było tam wiele
Myśli, ciemni mąciciele

- Mój Indyku, chłopcze złoty
Na nic tutaj twe zaloty

Nawet śpiew twój złotousty
Nie przykryje twojej pustki

Piękność ze środka wypływa
Serce to piękno odkrywa

Na nic twe piórka bogate
Na nic kostiumy pstrokate

Głowa to niezła oszustka
Gdy w środku strach jest i pustka

Miłości nie kupisz złotem
Ani korali trajkotem

Materia, iluzją świata
Miłość sprzed oczu wymiata

Gdy nad innych siebie stawiasz
Miłości sobie odmawiasz

Stary Kozioł

W Zagrodzie mieszkał Kozioł stary
Co brodę długą miał do pasa
Zakładał ciemne okulary
I licha była jego krasa

Uparty bardzo Kozioł bywał
Zamknięty w pudełku przekonań
Emocje swoje mocno skrywał
Kalkulował cel swych dokonań

Konformistą także był wielkim
Inteligencją to nazywał
Ważny chciał być sposobem wszelkim
Każdemu więc się podlizywał

Stary Kozioł

Żona mu zmarła, Koza stara
Miłość i posłuch jej ślubował
Lecz ileż warta kozia wiara
Tydzień po śmierci już figlował

Pannę jakąś chciał upolować
A miłość materią przekupić
Z każdą w alkowie chciał harcować
Żonę sobie próbował kupić

Mniemanie o sobie miał spore
Za dobrą partię się uważał
I chociaż ciało jego chore
To odmowami się nie zrażał

Swatek wokół nie brakowało
O wszystkich tu wszystko wiedziały
W Zagrodzie wszak od plotek wrzało
Kozła fajtłapą postrzegały

Panny od Kozła uciekały
Bo ni to kozioł ni to baba
One męskiego ramienia chciały
Kozioł wyglądał niczym żaba

Miłą Kotkę Kozioł upatrzył
Mądra, ładna i wolna była
Szybko więc Kotce się oświadczył
Lecz Kotka uśmiechem go zbyła

I tak mu rzekła Kotka grzecznie:
Próżno chcesz miłość złotem kupić
Żonę pragniesz zdobyć koniecznie
Lecz piękno miłości chcesz złupić

Twa kalkulacja zbyt zawiła
Oszustwem głowy, niczym więcej
Twa pycha miłość odrzuciła
Jest strachem w twej głowie koźlęcej

Ty boisz się być sam ze sobą
Myśli ciemne w głowie kreujesz
Ciemne myśli stają się Tobą
Swoim słowem, manipulujesz

Porzuć swą pychę Koźli Panie
Wyjdź z ciemnej skóry zwierzęcej
Próżne jest twoje polowanie
Patrząc sercem, zobaczysz więcej

Kobieta to dar dla mężczyzny
Przyjaciel i towarzysz drogi
Zaufanie to grunt jest żyzny
Tam, gdzie jest miłość, nie ma trwogi

Kozioł głową łysą pokiwał
On nie chciał z kalkulacją zrywać
I chociaż Kotce przytakiwał
Odszedł inne panny podrywać

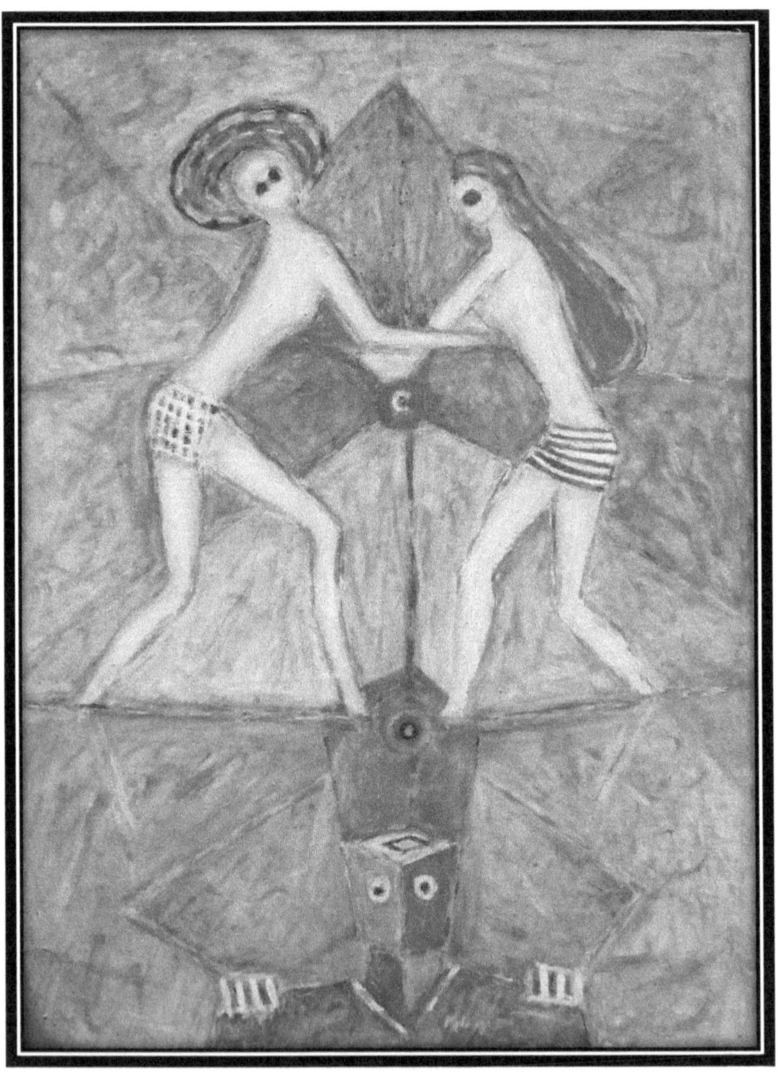

Życie w Zagrodzie

Kiedy wszyscy patrzą w jedną stronę, Ty spójrz w inną.
Zobaczysz więcej.
Zobaczysz to, czego inni nie widzą.

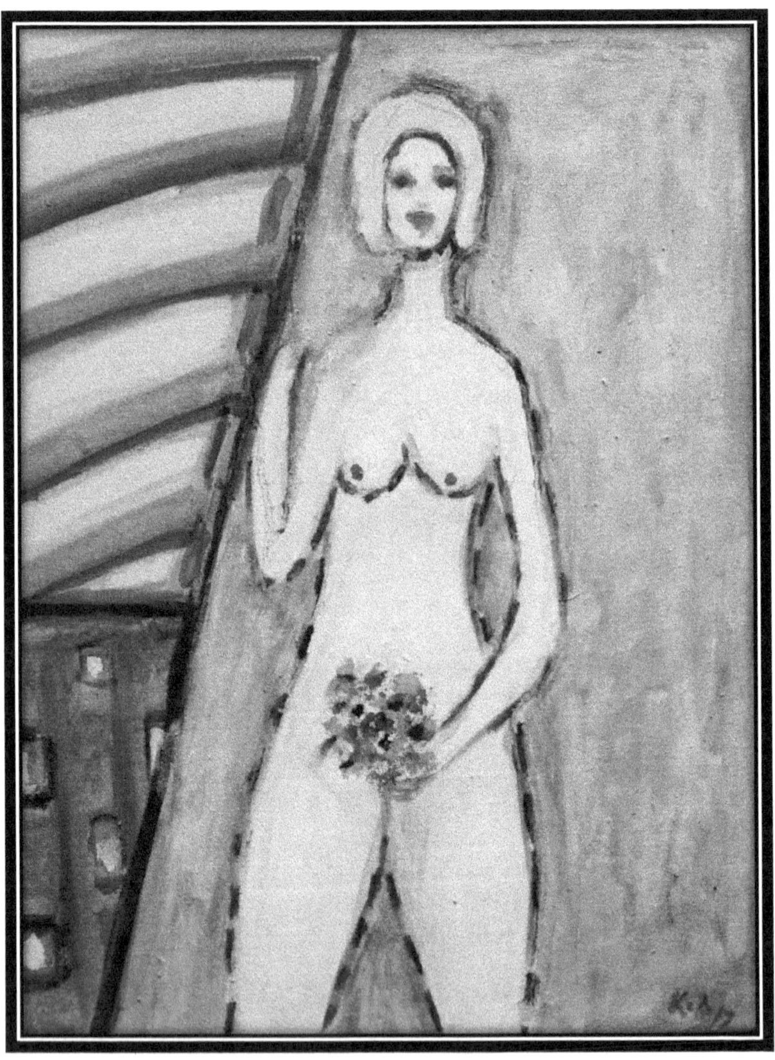

Bogobojna

Pani wielce bogobojna
Do kościoła wciąż chodziła
Postura jej była dostojna
I żarliwie się modliła

O zbawienie zabiegała
Wszak od innych lepsza była
Większe chody w niebie miała
W swoim świecie tylko żyła

Wszystkich wokół pouczała
Mądrzejsza od Pana była
Wady innym wytykała
Lepiej od Pana wiedziała

Krytyka chlebem jej była
Jej słowo mocno bolało
Szatana wszędzie widziała
Osądzanie z ust się lało

Choć o Miłości mówiła
Nad innych się stawiała
Pokora obca jej była
Z Nienawiści egzamin zdała

Aż Pan kiedyś tak jej rzecze
Hej, niewiasto moja miła
Jeśli chcesz zapalić świecę
Waż byś światła nie zgubiła

Głupi i Mądry

Głupi kiedyś mądrego spotkał
Co świat w milczeniu obserwował
W naturę świata mocno wnikał
Ciszę spokoju kultywował

Mądry zadawał pytań wiele
Przed ocenami się krygował
Z dystansu patrzą myśliciele
Wyroków żadnych nie forsował

Łączenie kropek to rzecz wielka
Do Prawdy źródła doprowadzi
Trudno widzieć, gdy w oku belka
Trudno myśleć, gdy szum oczadzi

Głupi słów wiele wypowiadał
On znał już wszystkie odpowiedzi
On pytań żadnych nie zadawał
Rozmówcy zarzucał, że bredzi

Głośno swą prawdę wykrzykiwał
Wszak on najlepiej wszystko wiedział
W głos swój z lubością się wsłuchiwał
Czego nie wiedział, dopowiedział

Z głupoty rozmówcy podkpiwał
I epitetem go nazywał
Na telewizor powoływał
Szabelką obelg wymachiwał

Choć chaos wielki był w tych słowach
Słowa jak echo powtarzane
Ze słów pustych złożona mowa
Logiką słowa te nazwane

Mądry w milczeniu go wysłuchał
Choć kilka pytań też mu zadał
Lecz odpowiedzi nie doczekał
Głupi, głupimi, pytania nazwał

Mądry w swym sercu się zadumał
On pytań wszelakich miał wiele
Głupi swą pychą się nadymał
Jak mielił językiem, tak miele

Cnota

Cnota po świecie chodziła
Surowa i cnotliwa
O cnocie ludziom prawiła
Zgryźliwa i złośliwa

Surowością osądzała
Spojrzeniem oceniała
Słowa często wypaczała
Na opak rozumiała

W ręku korbacz dzierżyła
Biczować nim kazała
Do ręki kamień włożyła
Stos tych kamieni miała

Cnota

Za stołem sędziego siadła
Młotek do ręki wzięła
W zachwyty nad sobą wpadła
Głowę niejedną ścięła

Uśmiechu, cnota nie znała
Radość obca jej była
Ubóstwo nakazywała
Sama zaś w zbytku żyła

Para Doskonała

Pod jednym dachem razem mieszkali
Ona i on, para doskonała
Mężem i żoną się nazywali
Chwaliła ich okolica cała

Porządną rodziną nazywano
Wzorem dla wielu była ta para
I jako przykład ich podawano
W opinii innych, miłość i wiara.

Parę, w istocie, wiele łączyło
Dzieci, kredyty i wojna cicha
Jedno drugiego nienawidziło
Nawet w alkowie zabawa licha

Wzrok odwracali, gdy się widzieli
Słowa trucizną w bród nasączone
Nienawiść łączy i mocno dzieli
Kolczastym drutem ręce złączone

Obcymi ludźmi dla siebie byli
Lecz mocne więzy są nienawiści
Kiedy świat patrzył, złość swą tłumili
Pod maską śmiechu kłęby zawiści

Lecz żadne odejść z klatki nie chciało
By nie dać tamtemu satysfakcji
I chociaż samo bardzo cierpiało
Nie mogło przyznać drugiemu racji

Świata opinię wielce ważyli
Dla świata wszak, bardzo się kochali
Chociaż w więzicniu oboje żyli
Dla świata, teatr swój odgrywali

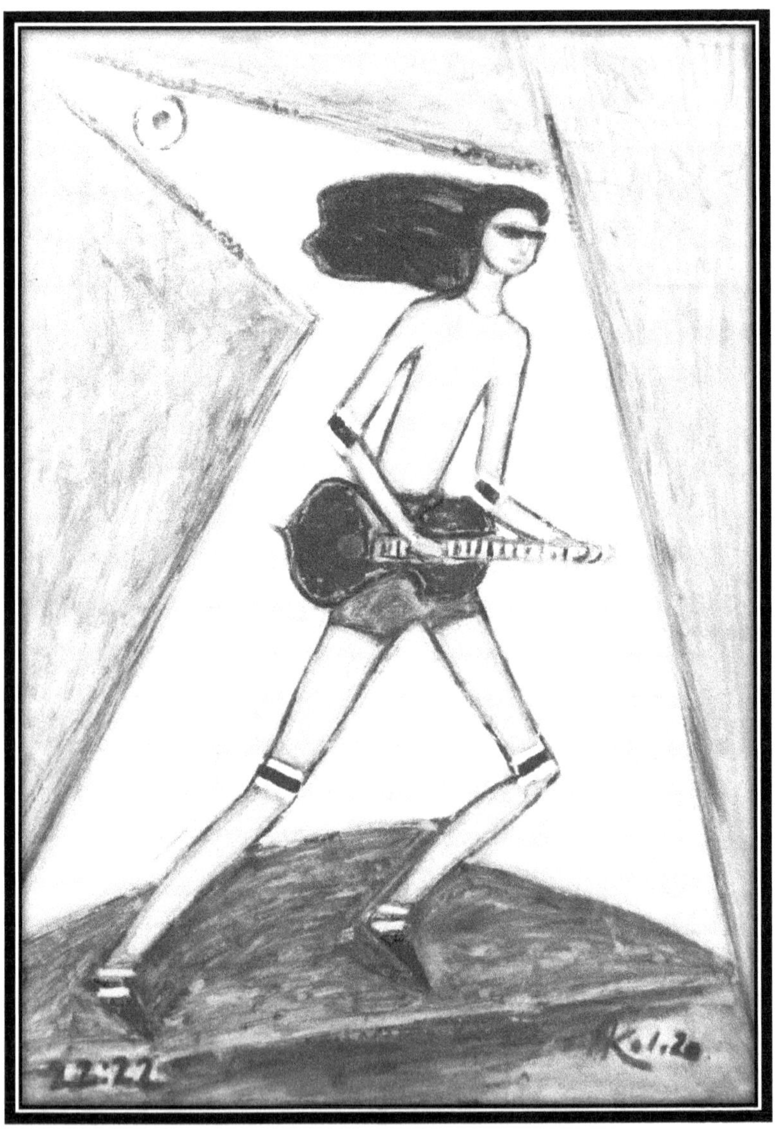

Oskar

Marzył, by Aktorem być wielkim
Chciał, aby słów jego słuchali
Chciał zdobyć to sposobem wszelkim
Chciał, aby w pas mu się kłaniali

Na scenie różne role grywał
I różne zakładał kostiumy
Na fortepianie też przygrywał
Za tymi rolami szły tłumy

Lecz jemu władza się marzyła
Myśli Zagrody kontrolować
Złota moneta też kusiła
Nad umysłami chciał panować

Przyjaciół znalazł wnet potężnych
Choć może mu się tak zdawało
Znaleźli go, bo w mowie prężny
Złoto też na niego działało

To, czego pragnął, szybko dostał
Władzę, uwagę, wór ze złotem
Życzeniom przyjaciół swych sprostał
Zdobywał świat strachu łomotem

Świat bohatera z niego zrobił
Zagroda za nim podążyła
Świat swoich lekcji nie odrobił
Historia koło zatoczyła

W Zagrodzie zamęt, strach, kontrola
Tak wielu życiem zapłaciło
Strach to jest umysłu niewola
Wielu w strachu się obudziło

Aktor rolę grał swego życia
Słowami kłamstwa świat czarował
Oskar gdzieś czekał do zdobycia
Aktor do wojny agitował

Zagroda wreszcie 'Stop', krzyknęła
Nie chcemy wojny ni kontroli
Aktora ze sceny zepchnęła
Nie chcemy umysłów niewoli

Do drzwi Przyjaciół swych zastukał
Nowe żądania im przedstawił
Ale już nikt go nie wysłuchał
Nikogo już nie zaciekawił

Na półkę został odstawiony
Pudełko przykryto serwetką
Obok Oskara ustawiony
Wszak byłeś tylko marionetką

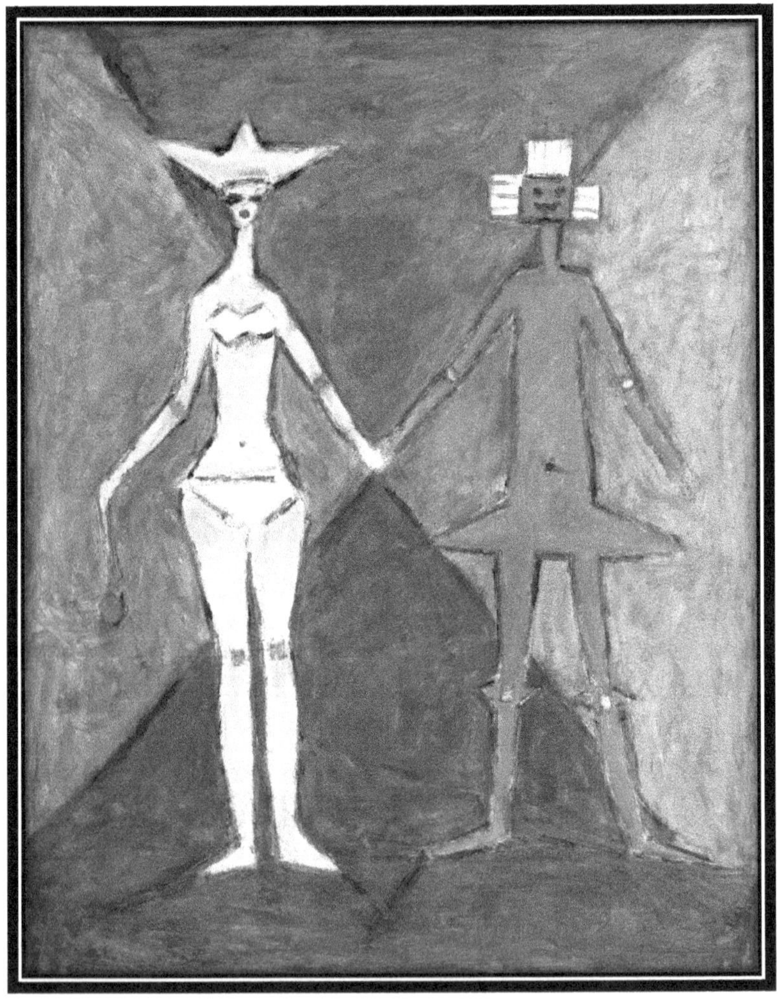

Fan

O politykę się wykłócał
Za polityka gotów zginąć
Epitetami w innych rzucał
By tylko z prawdą się rozminąć

Dzielił, osądzał i wykluczał
Do krzyża przybijał opornych
Swoją prawdę innym narzucał
I krzykiem uciszał tych wolnych

Polityka nie kwestionował
Polityka słowo wyrocznią
To słowo bezmyślnie przyjmował
Rzucał tym słowem niczym włócznią

Polityk uśmiech miał dla Fana
Obietnic wszelkich pełne kosze
Choć postać jego podejrzana
Dla Fana to były rozkosze

A gdy polityk tron otrzymał
Niewiele z obietnic zostało
Słowa danego nie dotrzymał
Do Fana wciąż nie docierało

Polityk gardził ślepym Fanem
I ciemnym ludem go nazywał
Bezmyślnie beczącym baranem
Którego w Zagrodzie swej trzymał

Fan, narzędziem jest polityka
Hipnoza słowa nim steruje
Jak łatwo sens słowa umyka
Słowo łatwo manipuluje

Fan

Zagroda miejscem jest kontroli
Więzieniem umysłu i duszy
Zagroda miejscem jest niewoli
Tam tylko głos pana się słyszy

Historia uczy wielu rzeczy
Potężna z niej nauczycielka
Wojna to łoskot jest dwóch mieczy
Wojna to świata niszczycielka

Czy polityka warta wojny?
Czy warto o nią krew przelewać?
Jakiż jest piękny świat spokojny
Bez polityki razem śpiewać

Czy Fan z iluzji wyjdzie swojej
I ze snu głupca się obudzi?
Prawda otwiera swe podwoje
Lecz wielu Fanów wciąż się łudzi

Kreatorzy

Ciężko pracowali
By Prawdę kreować
Prawdę przekręcali
Kłamstwo w nią wplatali
Ministerstwem Prawdy
Siebie nazywali
Wojnę o umysły
Strachem wygrywali
A w tych niewierzących
Kamienie rzucali
Banicją karali
Na krzyżu wieszali

Kreatorzy

Na końcu – przegrali
Dymisje dostali
Taczką wyjechali
Ogromnie zdziwieni
Swą prawdą mamieni
Przez kraty patrzyli
Kłamstwem się karmili
Kreatywni byli
W kłamstwie utopili

KATARZYNA NOWOCIN-KOWALCZYK

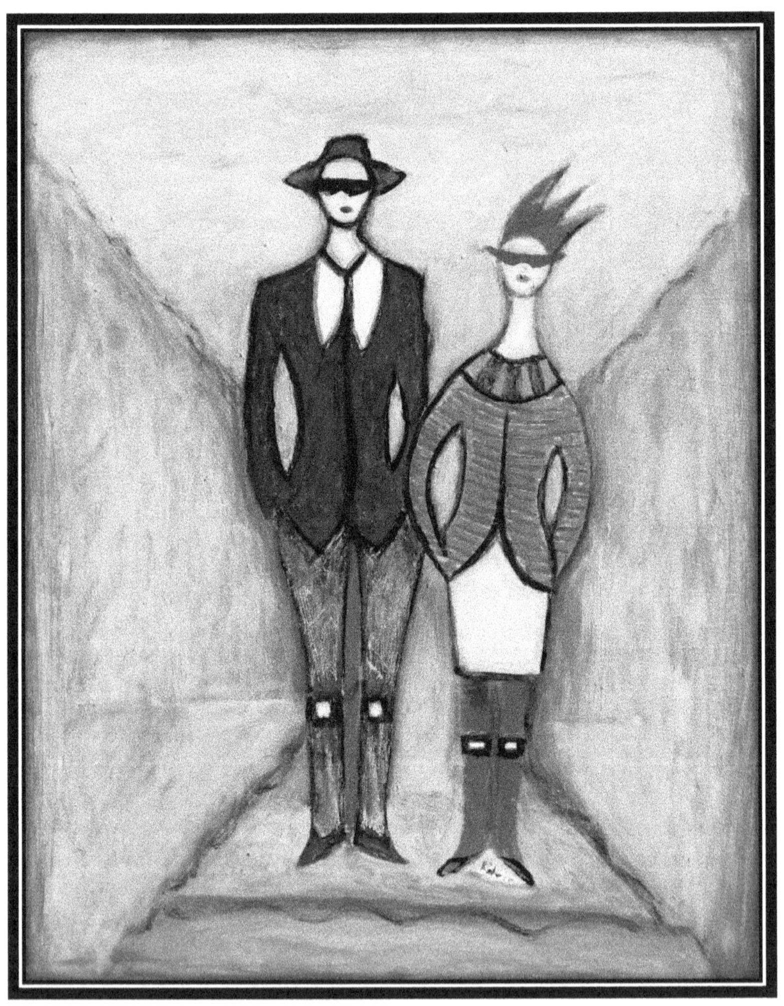

Fraszki

Wartość ma tylko to,
co jest w Tobie.

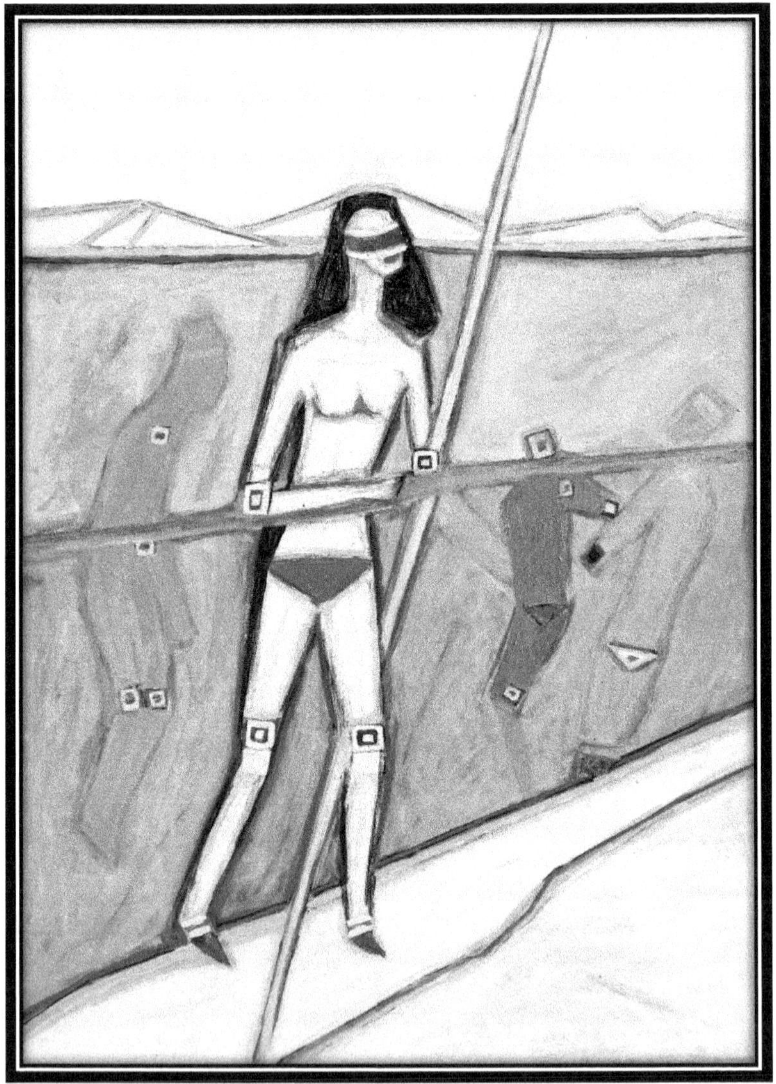

Wolność

W zamkniętej zagrodzie owca mieszkała

Szła za innymi, jak inni beczała

Głosu pasterza bezmyślnie słuchała

Wolnością, zagrodę swą nazywała

KATARZYNA NOWOCIN-KOWALCZYK

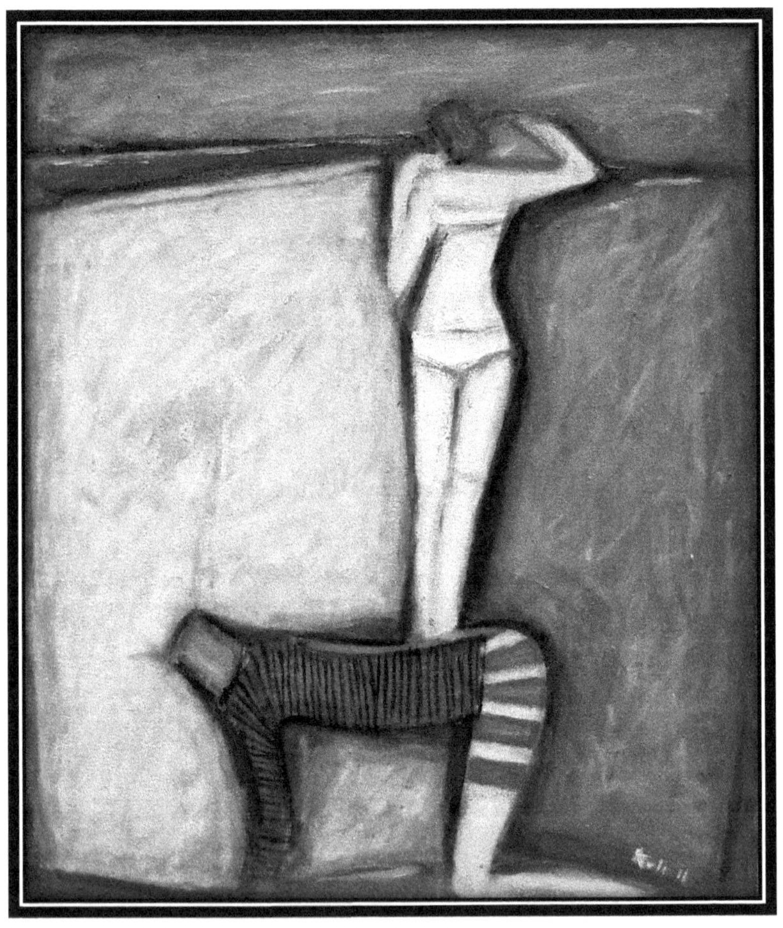

Wyborca

Chciałeś być równy pośród równymi
Chciałeś być wolny pośród wolnymi
Lecz gdy głos demokracji dostałeś
Zamiast myśleć, na innych patrzałeś

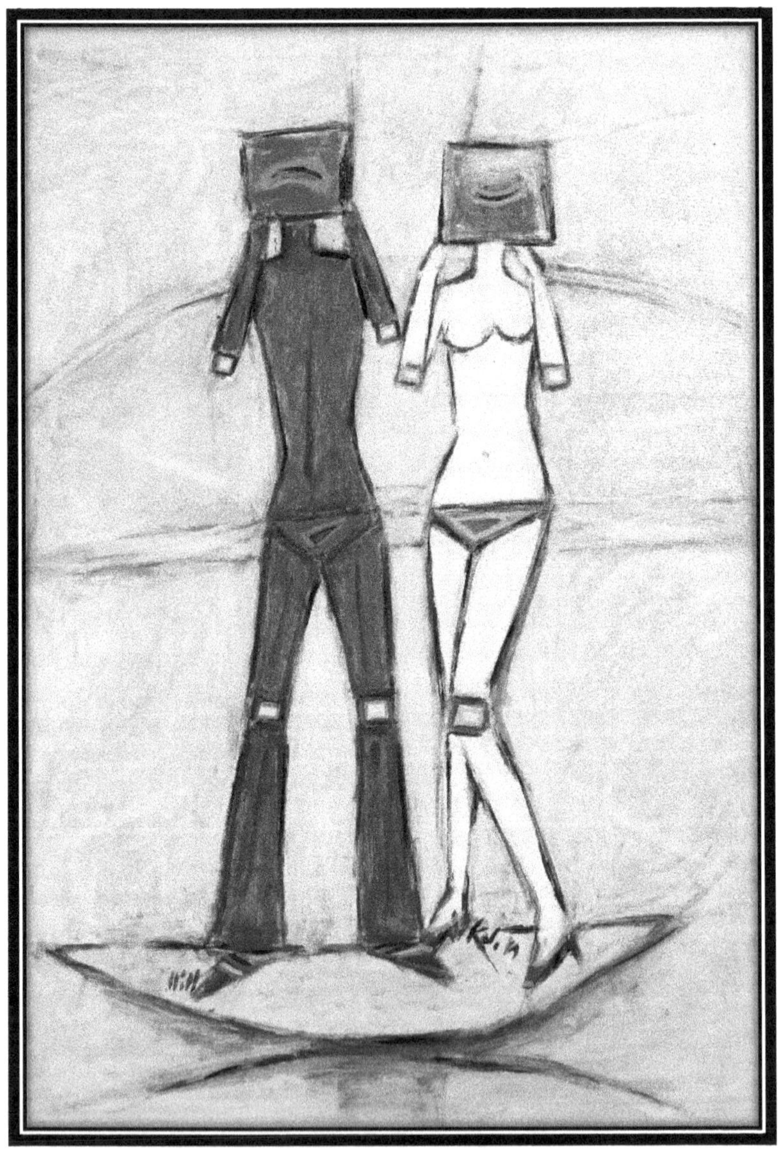

Mądry Inaczej

I co głupiemu po rozumie
Gdy swe rozumy już pozjadał
On myśli, że wszystko rozumie
A to wszak telewizor gadał

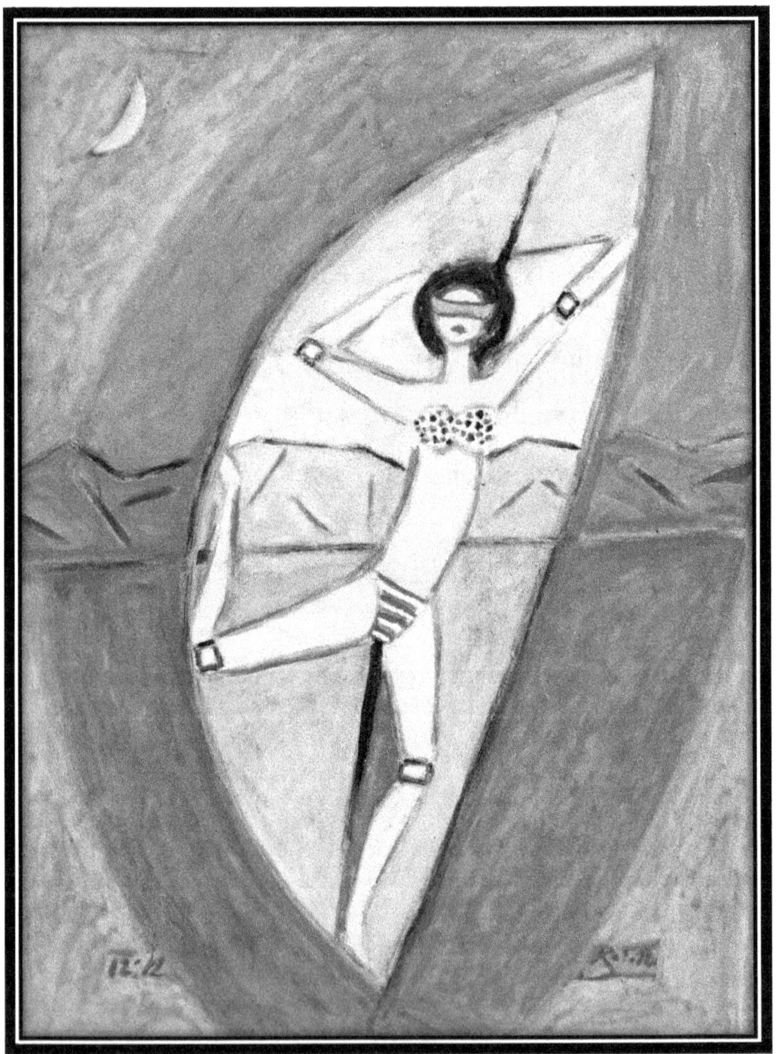

Umysł Niewolnika

W zamkniętej klatce ptaszek siedział
I o wolności swojej marzył
A kiedy cud ten się wydarzył
Sam niewolnika szaty przywdział

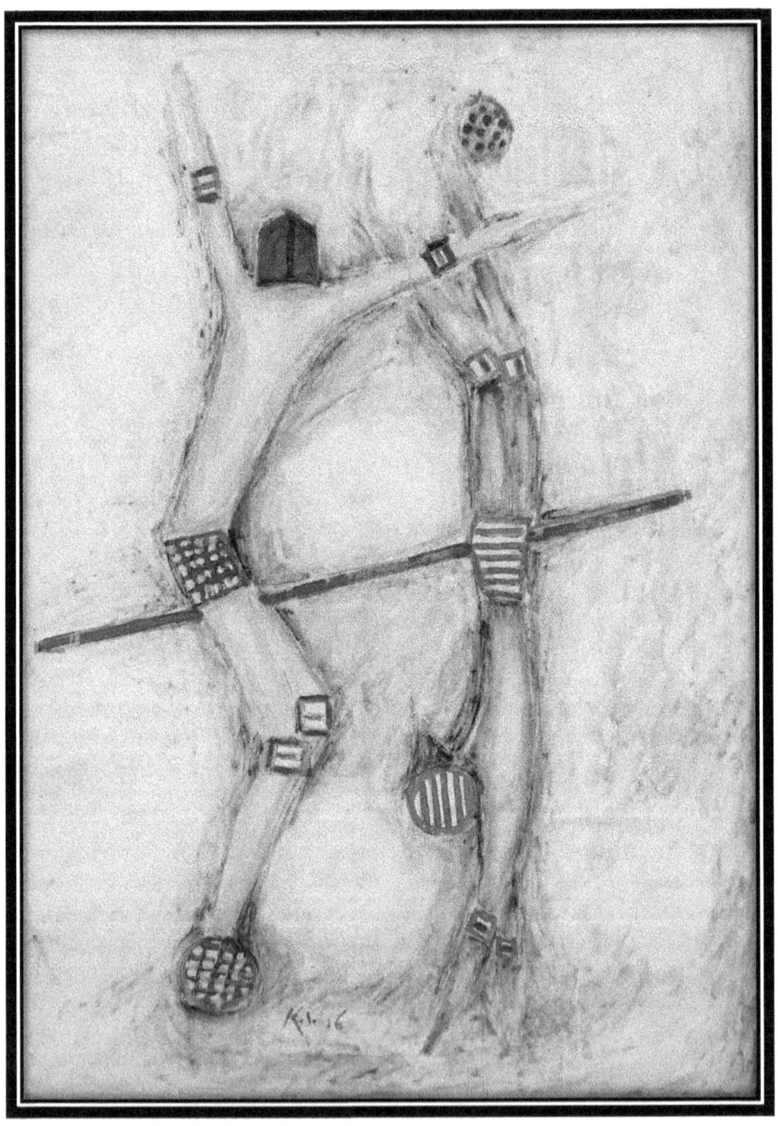

Inteligent

Dyplomami różnymi się chwalił

Za mądrzejszego siebie uważał

Na stosie czarownic prawdę palił

W niewiedzy żył, głupotą zarażał

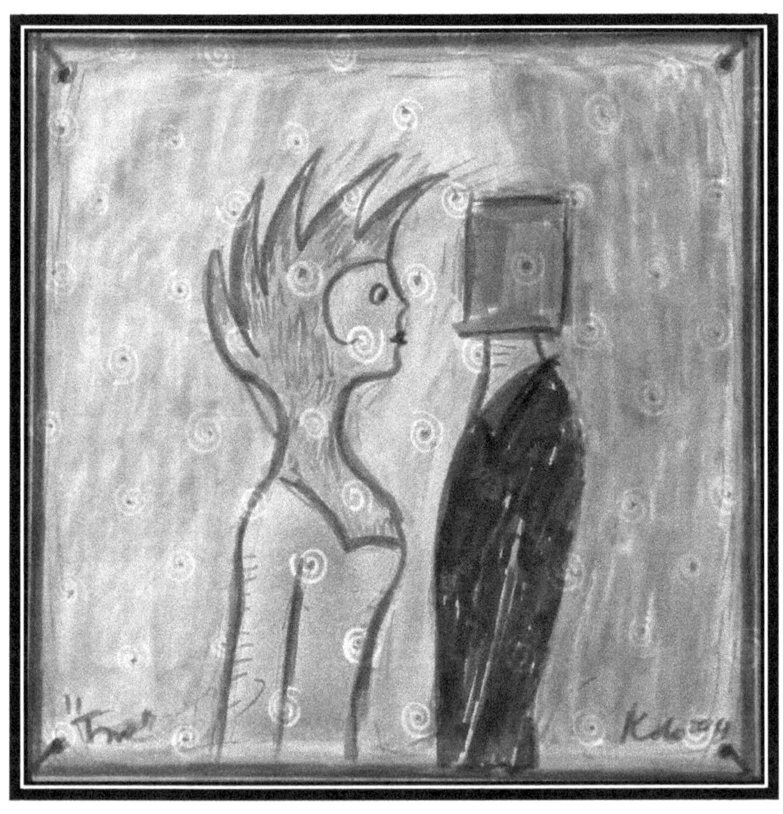

Strachy

W głowie swojej siedział przez dzień cały
Bezsenne noce mary budziły
Strachu kamienie w innych rzucały
Siebie się bał, kamienie wracały

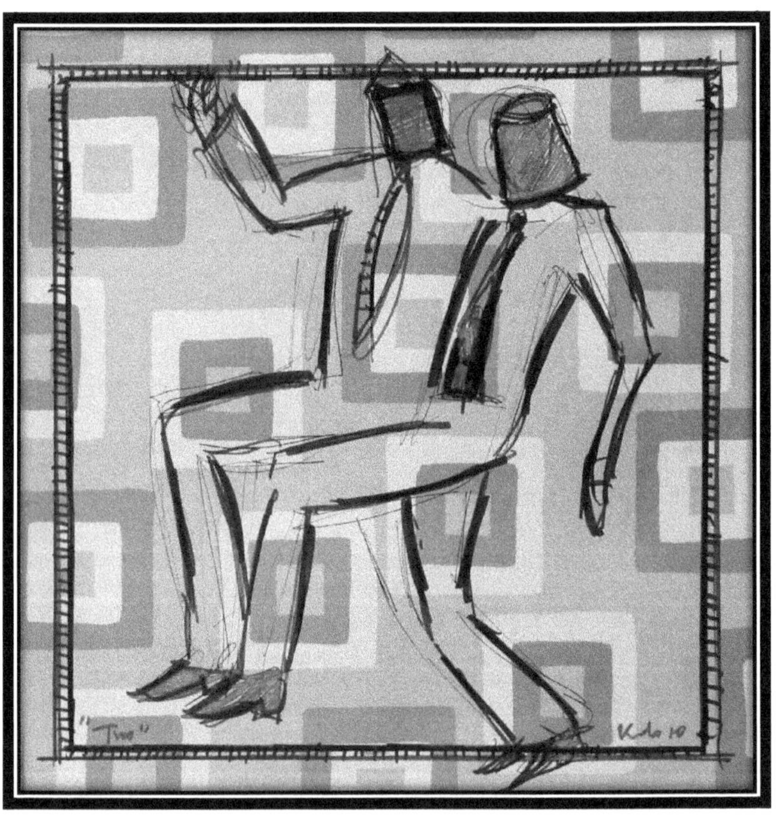
"Two"

Lustro

Nic mu się nie podobało
Drugiego krytykowało
Ciemności w Drugim szukało
Tego Drugiego się bało
I choć o tym nie wiedziało
I choć tego nie widziało
Ego w lustrze się przejrzało
Obraz swój własny ujrzało

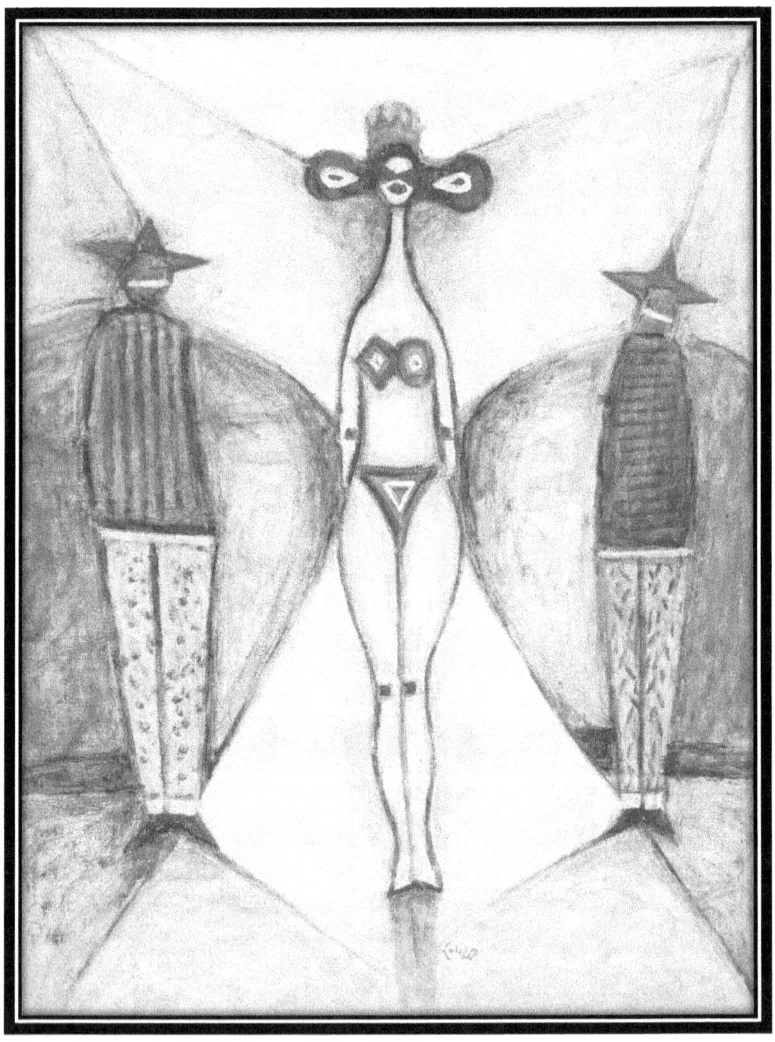

Święta

Na Boga się powoływała
Do bramy niebios kołatała
Za świętą siebie uważała
Innym zaś piekło zgotowała

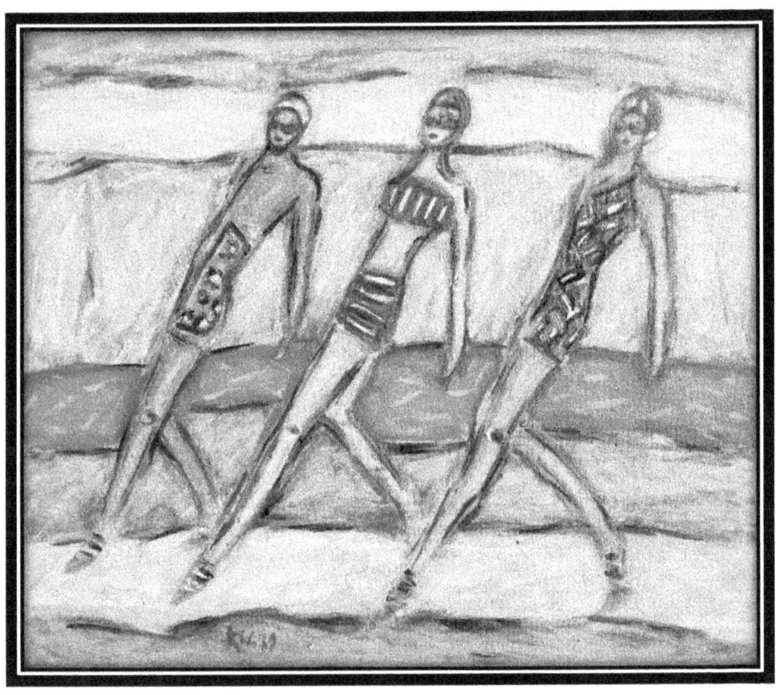

Przyjaciółka

Przyjaciółkami je nazywała
I znajomością z nimi chwaliła
W usta publicznie je całowała
Za plecami… błotem obrzucała

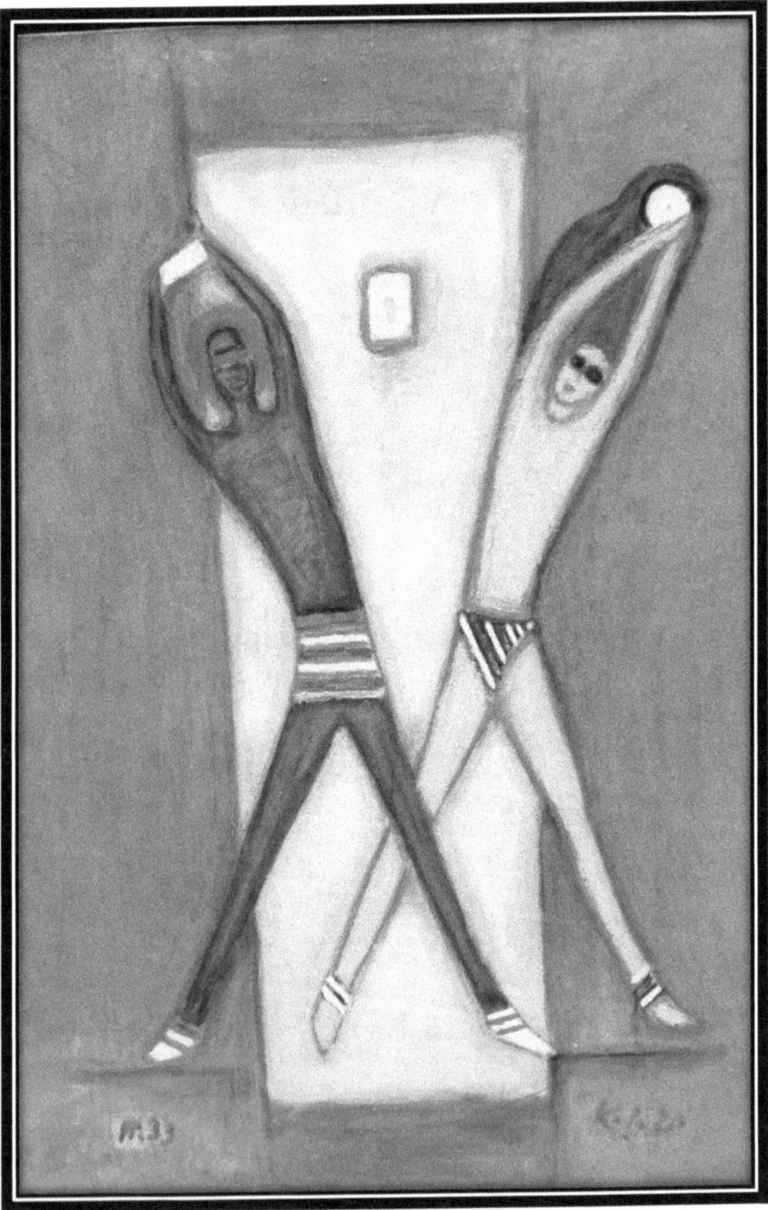

Coach

Sukienkę czarną wygładzał
Na ambonę co dzień wchodził
I jak żyć innym doradzał
Sam odwrotnie wszystko robił

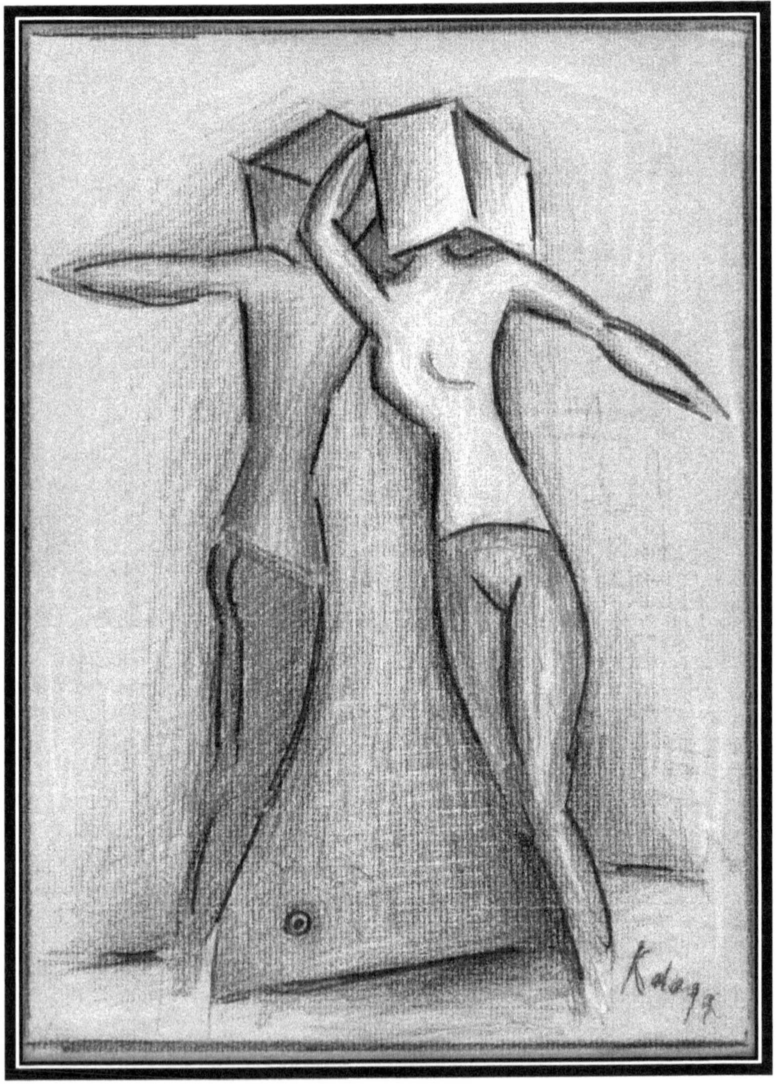

Filozof

Filozofem siebie nazywał
Choć pytań żadnych nie formował
Na zadane pytanie
Słowa innych cytował

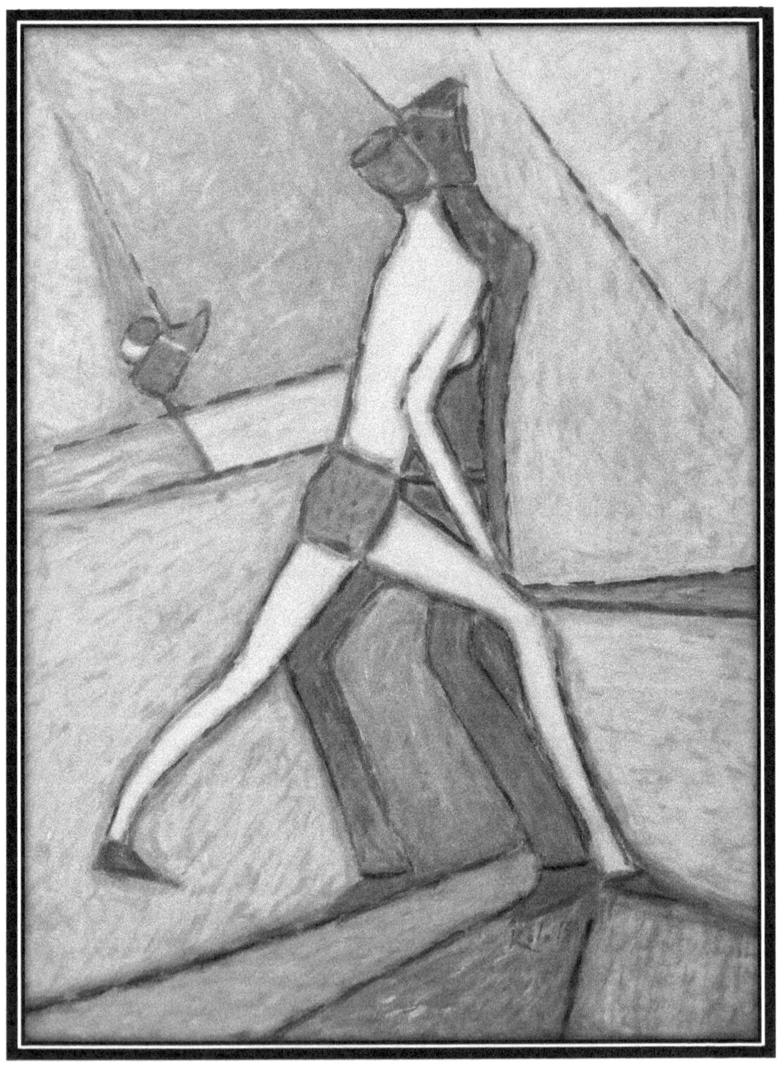

Polityk

Politykiem chciał być wielkim
Z wielkimi zatem przebywał
Marionetką był w ich rękach
Polecenia wykonywał

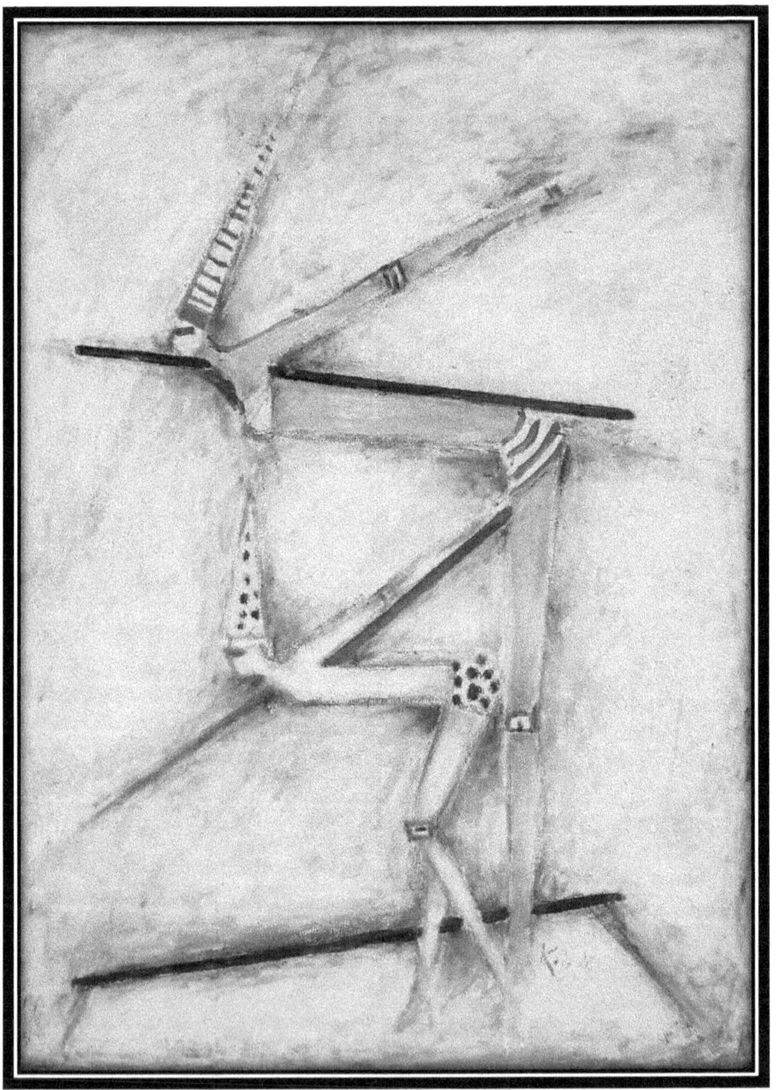

Pinokio

Drogi Panie polityku
Twa mowa giętka i duża
Jeśli prawdą słowa twoje
Czemu nos ci się wydłuża

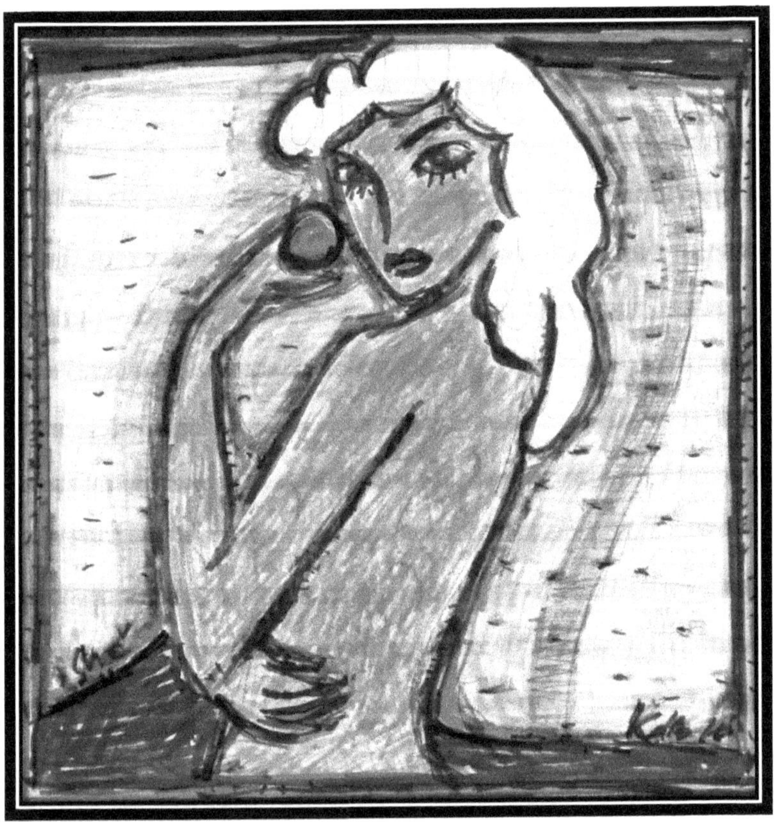

Cickawska

Do moich okien wciąż zaglądasz
Pani sąsiadko miła
Moje życie podglądasz
Czyżbyś swoim już się znudziła

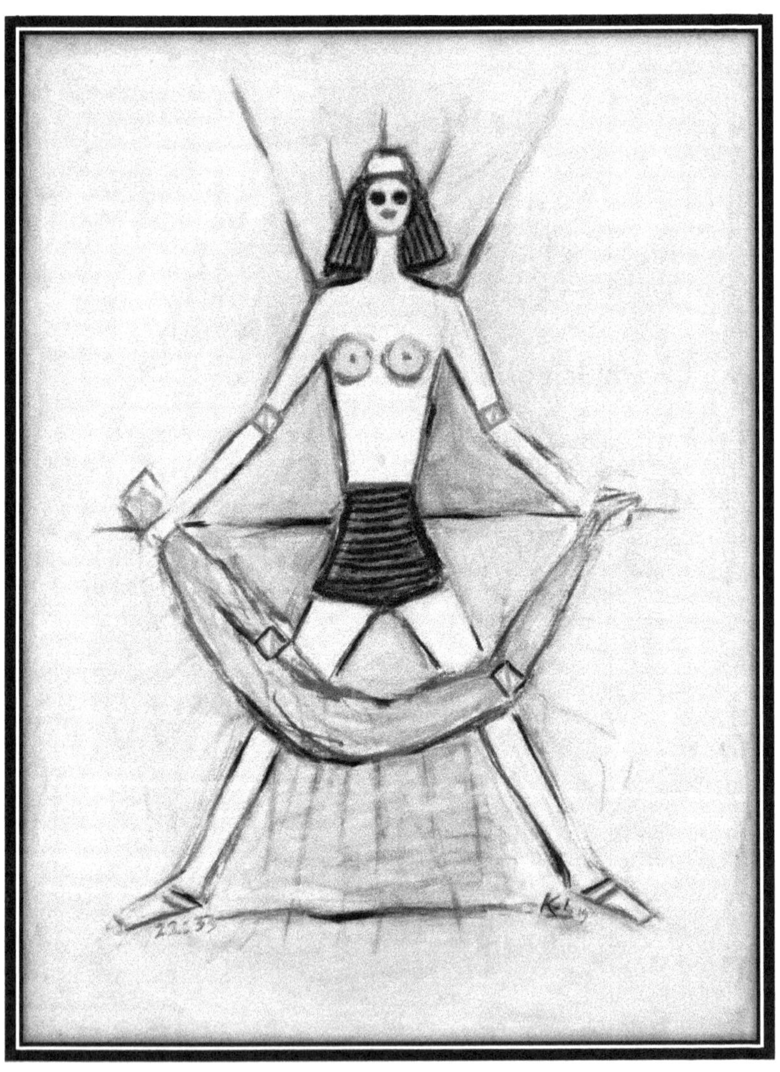

Prawdomówny

Drogi Panie Dziennikarzu
Miałeś Prawdę pokazywać
Teraz plotką jesteś łgarzu
Teraz Prawdę chcesz ukrywać

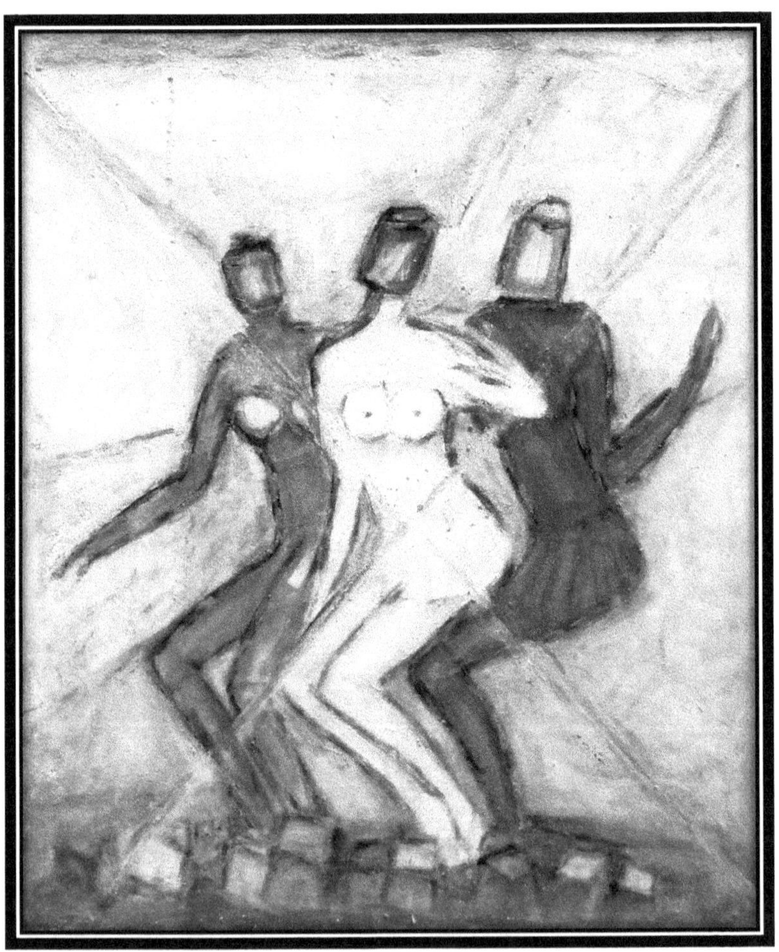

Telewizor

Najważniejszy w całym domu
To jego wszyscy słuchają
Co myśleć – mówi każdemu
Posłuszni – myśleć przestają

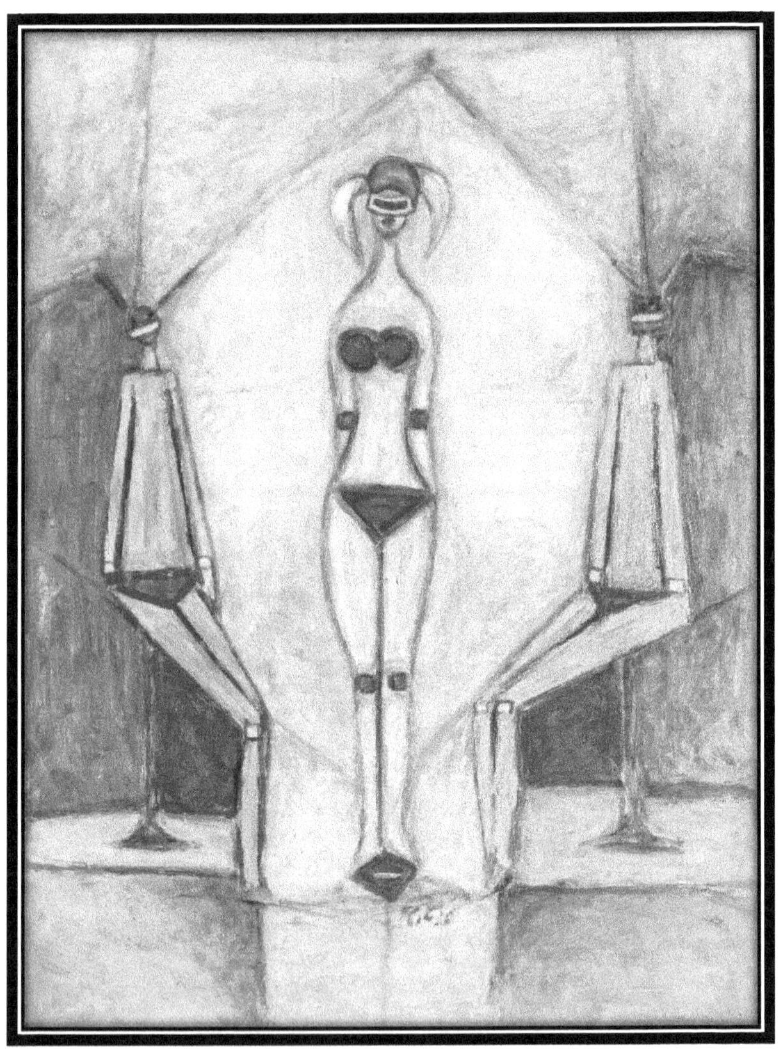

Pasterz

Przed wilkami ich przestrzegał
Przy zgrai psów swoich wtórze
Na ubój stado prowadził
Sam wilkiem był w owczej skórze

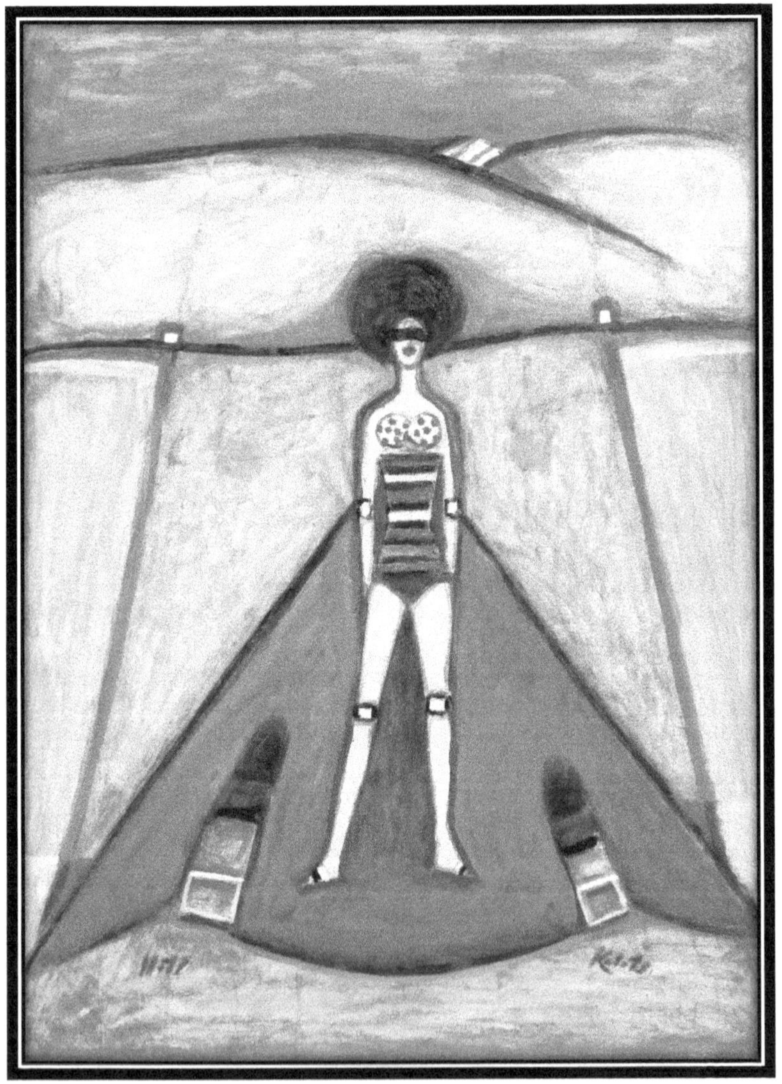

Krzykaczka

Prawdą siebie nazywała
Wszak w mediów świecie żyła
Wszystkich przekrzykiwała
Propagandą zwykłą była

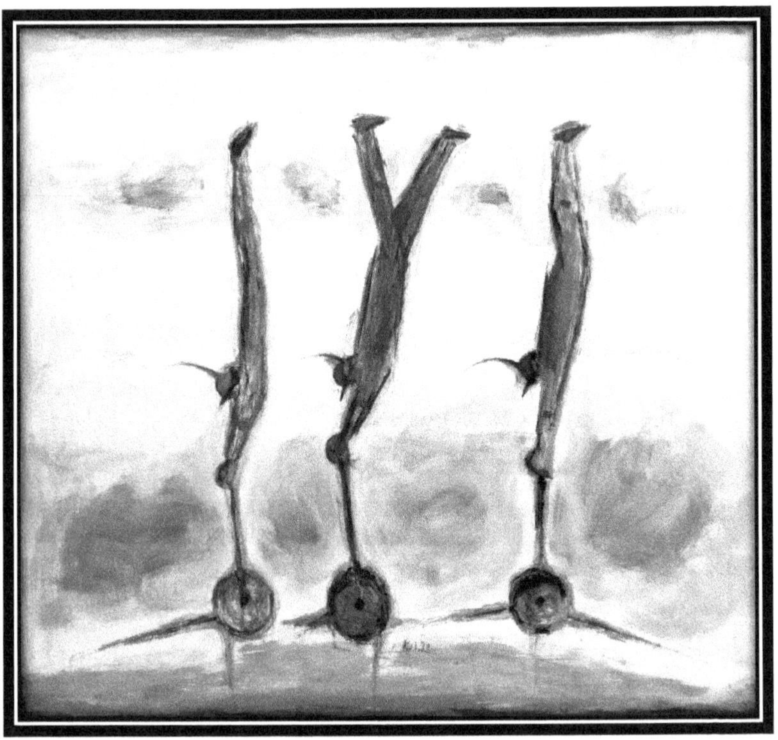

Outsider

Palcem go wytykali
I Dziwnym nazywali
Choć jego świata nie rozumieli
Do swego poziomu ściągnąć chcieli
Anielskie skrzydła mu podcinali
Z pudełka uprzedzeń wyjść się bali

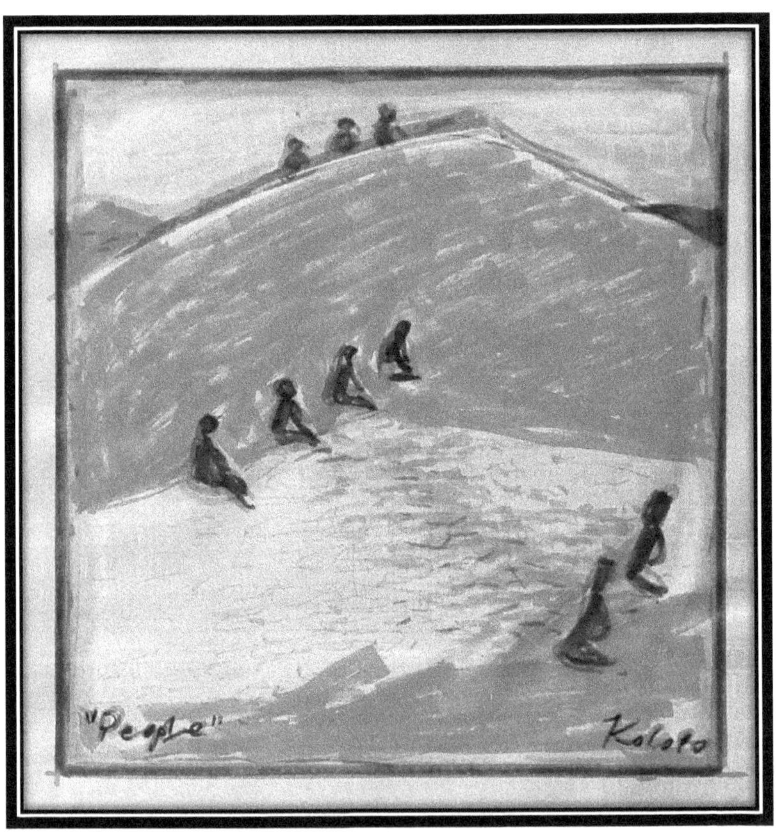
"People"
Kolo Po

Leniwi

Miłość do krzyża przybili
O miłość, Miłość błagali
Do Miłości się modlili
W swych sercach, jej nie szukali
Na cud zbawienia czekali

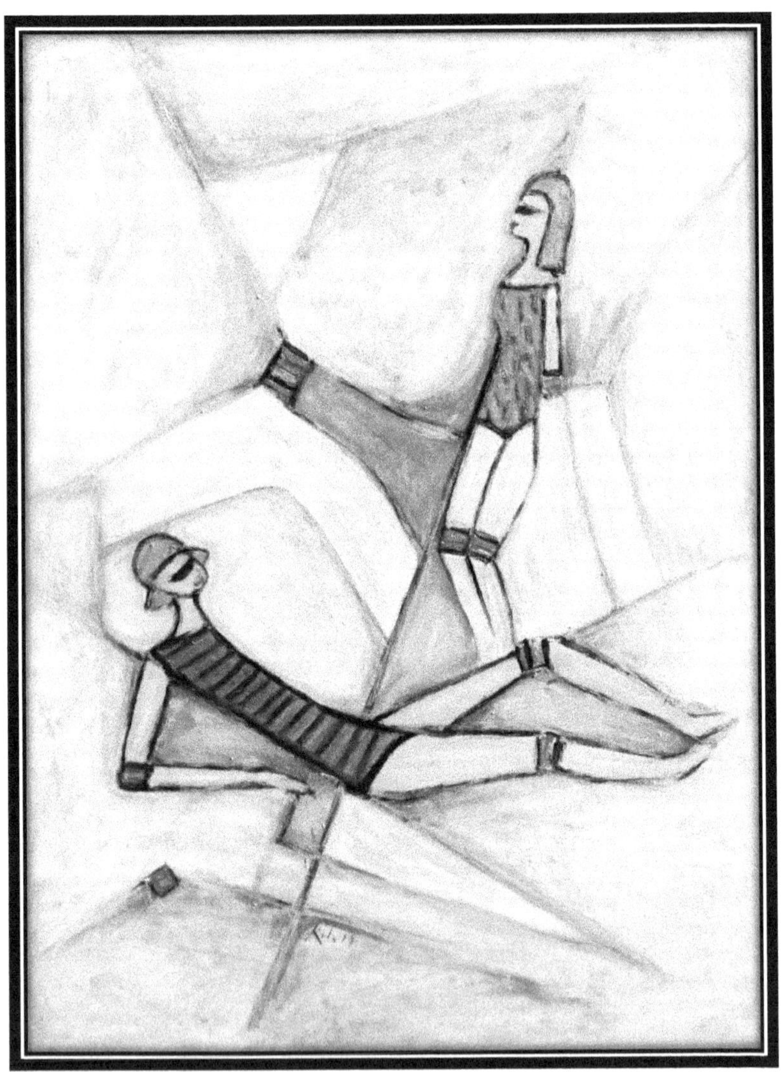

Bajki w Zagrodzie

Twoja Siła kończy się tam, gdzie zaczyna się Twój Strach.

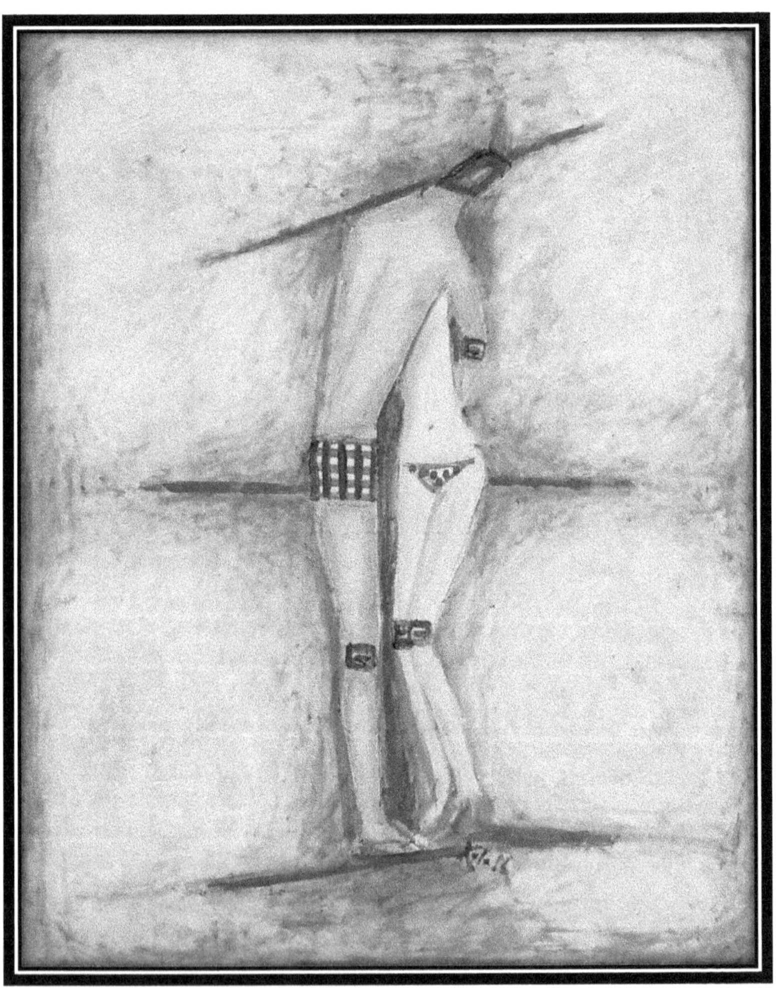

Śpiąca Królewna

O miłości marzyła
I na księcia czekała
O sobie zapomniała
Całe życie przespała

Czerwony Kapturek

Wilkiem się zaciekawiła
Słów mamy nie słuchała
W wielkich oczach zatopiła
Ofiarą wilka się stała

Kopciuszek

Chociaż panią domu była
Strach przed wolnością wybrała
Fartuch służącej włożyła
I wszystkim usługiwała

Dziewczynka z Zapałkami

Chociaż dorosłą kobietą była
To w środku niej dziewczynka płakała
O miłości kobieta marzyła
Lecz siebie pokochać nie umiała

Barbie

W lustereczko spoglądała

Nowe ciuszki kupowała

Przebierała i stroiła

Nie myślała, lalką była

Nagi Król

Nowe szaty co dzień zakładał
Na innych nie zwracał uwagi
Materię nad serce przedkładał
Bez swego przepychu, był nagi

Złota Rybka

Życzenia innych spełniała
I o wolności marzyła
Niewolnicą innych się stała
Całe życie innym służyła

Królowa Śniegu

Piękna jak posąg z marmuru
W zimnym pałacu mieszkała
Samotna i nieszczęśliwa
Sopel lodu w sercu miała

Calineczka

Chociaż niewielkich rozmiarów była
Dzielnie broniła swojej godności
Na skrzydłach ptaka w niebo wzleciała
Miłość znalazła w świecie wolności

Gerda

W długą podróż się udała
Aby miłość nieść po świecie
Wiarę wielką w sercu miała
Zimny lód zmieniała w kwiecie

Mała Syrenka

Dawny swój świat zostawiła
Wszystko, co miała cenne, oddała
W świecie nowym chodzić się uczyła
Umarła i zmartwychwstała

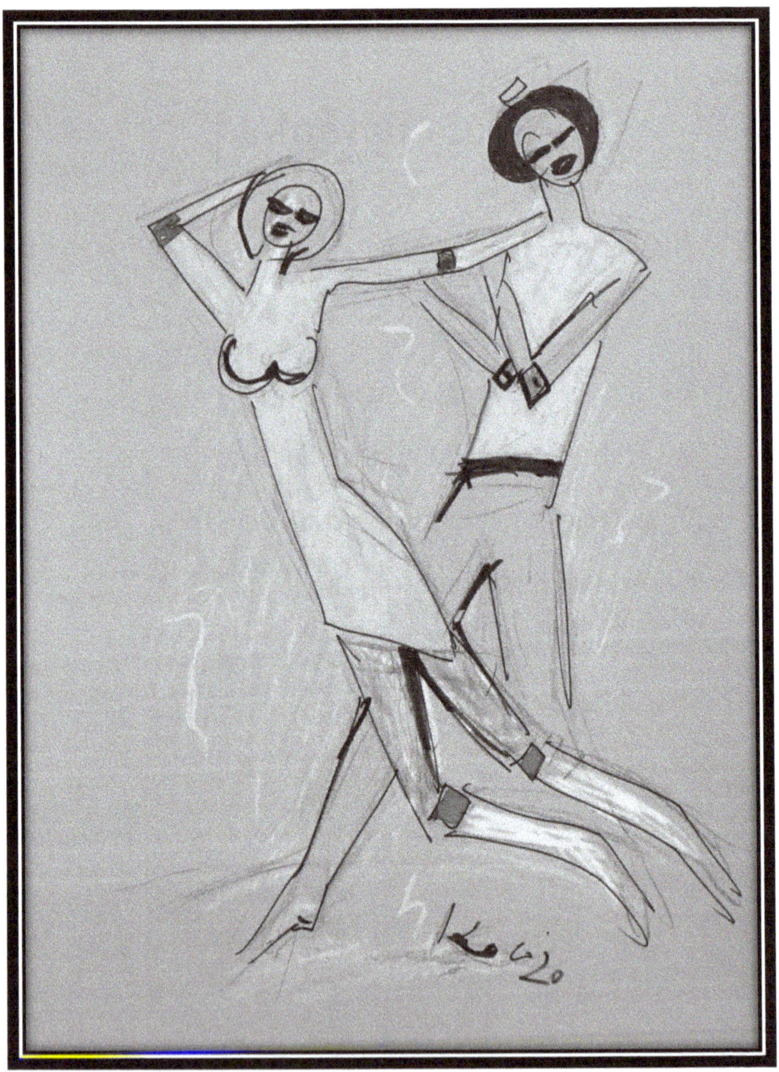

Piękna i Bestia

Pycha zaklęciem Jego była
I uwięziła w ciele szpetnym
Ona, światło w nim zobaczyła
I nauczyła być szlachetnym

Piotruś Pan

Za dorosłego uważał go świat
Bo wszak na karku wiele miał latek
On bawić się chciał, nie liczył tych lat
Z łatwością latał z kwiatka na kwiatek

Mały Książę

By miłość zrozumieć, Wszechświat przemierzył
Wszak miłość nie służy próżnej ozdobie
Dorosnąć musiał, ze sobą się zmierzył
Miłość zrozumiał, gdy znalazł ją w sobie

Brzydkie Kaczątko

Śmiali się głośno z jego inności
Sny o wolności wymazać chcieli
I nie widzieli jego piękności
Gdy skrzydła rozłożył, oniemieli

Słowik

W złotej klatce Wolność zamknęli
Śpiewać kazali, gdy nie chciała
Wmawiali, że szczęście jej dali
Wolność, świat wolności wybrała

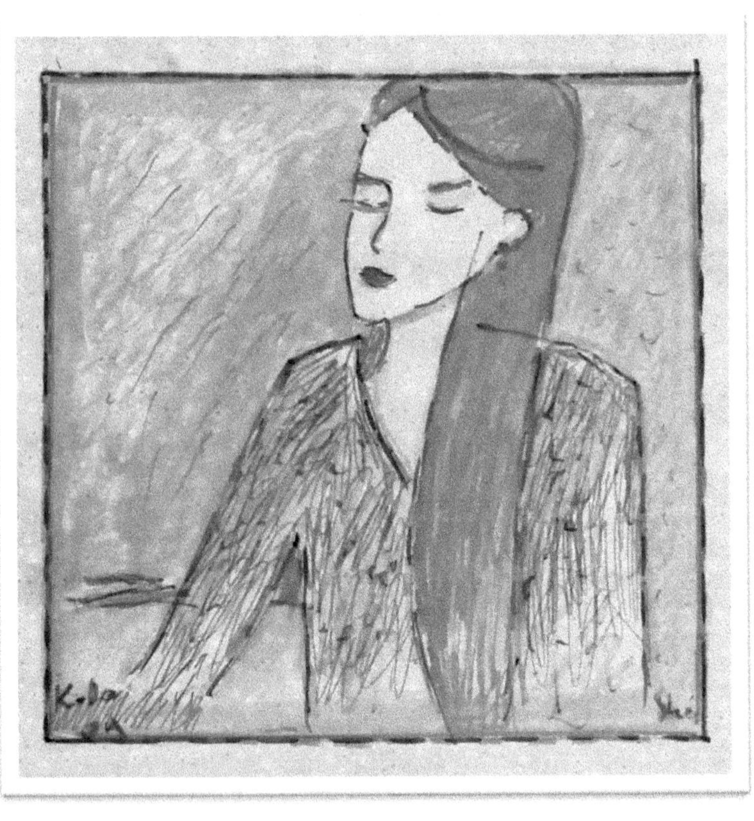

Podziękowania

Kiedy po raz pierwszy zobaczyłam obrazy **Andrzeja J. Kolo**, pomyślałam o tym, jak trafnie przedstawiają one świat odwróconej narracji, podwójnej moralności i pudełkowego myślenia, którym ulega tak wielu ludzi. Urzekło mnie bystre oko malarza, jak również jego swoista ironia, humor, dystans i lekkość z jaką artysta przedstawia ten dziwny świat. Urzekły mnie też kolory. Nic zatem dziwnego, że kiedy jakiś czas później zaczęłam przygotowywać tę książkę, w naturalny sposób sięgnęłam właśnie po obrazy Andrzeja. Wszak Malarz maluje to, co pisze poeta. Poeta zaś pisze to, co maluje malarz. Dziękuję Andrzeju za to, że jesteś częścią mojej podróży zwanej życiem. I dziękuję za Twoją sztukę.

Dziękuję **Kay Umland**, za stworzenie projektu okładki do tej książki.

Dziękuje także Tobie Drogi **Czytelniku**. Dziękuję za to, że obdarzyłeś mnie zaufaniem, sięgnąłeś po tę książkę i przeczytałeś. Ufam, że nie był to dla Ciebie stracony czas.

Katarzyna Nowocin-Kowalczyk

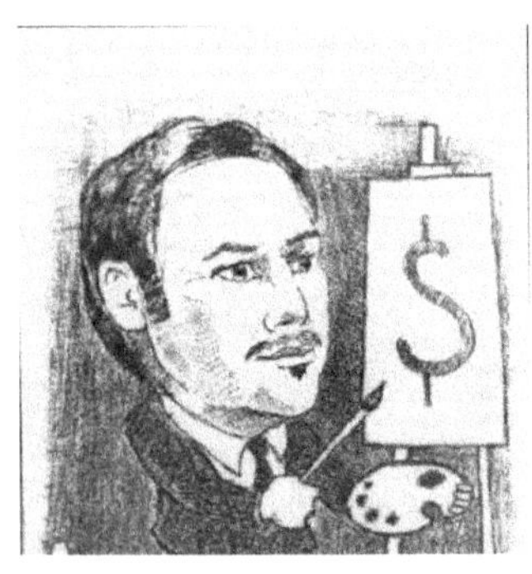

O malarzu

Andrzej J. Kolo (Kołodziej) jest polskim artystą malarzem, poetą, scenarzystą oraz fotografem.

W 1968 r. ukończył malarstwo na Wydziale Sztuk Pięknych Uniwersytetu im. Mikołaja Kopernika w Toruniu w Polsce, otrzymując tytuł Magistra Sztuki. Następnie kontynuował studia w zakresie malarstwa w "Ecole de Design Applique" w Paryżu w 1973 oraz w "Otis Art Institute" w Los Angeles w 1977.

Artysta jest bardzo mocno związany z południową Kalifornią, a szczególnie z Los Angeles, w którym to mieście spędził ponad 40 lat swojego życia. Wpływ południowo-kalifornijskiego klimatu, a przede wszystkim barwnych i unikalnych w swoim pięknie, zachodów słońca, widać wyraźnie w jego obrazach. Prace Andrzeja Koło przesycone są mocnymi kolorami, w których dominują różne odcienie żółtego, pomarańczowego oraz czerwieni. Trudno przejść obok tych obrazów i nie zwrócić na nie uwagi. Tym bardziej, że interesujący jest również styl narracji prowadzonej przez malarza.

Artysta pokazuje świat i otaczającą go tzw. rzeczywistość w sposób nieco abstrakcyjny, który można określić jako surrealistyczny a jednocześnie sarkastyczny i czasem wręcz humorystyczny.

Obrazy Andrzeja J. Kolo były i są wystawiane w wielu prestiżowych galeriach oraz instytucjach związanych z kulturą w różnych krajach, m.in. w Stanach Zjednoczonych, Meksyku, Korei Południowej, Francji oraz w Polsce i zawsze cieszą się dużym zainteresowaniem publiczności.

Warto dodać, że Andrzej J. Kolo, znany też jako Andy Kolo, jest założycielem KrakArt Group, cenionej w środowisku artystycznym grupy siedmiu polsko-amerykańskich artystów wizualnych mieszkających w Los Angeles w Kalifornii. Sam Artysta, jakiś czas temu wrócił do Polski, gdzie osiadł na stałe. Jak mówi, ojczyzna inspiruje go i stała się jego muzą w twórczości.
-Katarzyna Nowocin-Kowalczyk

****

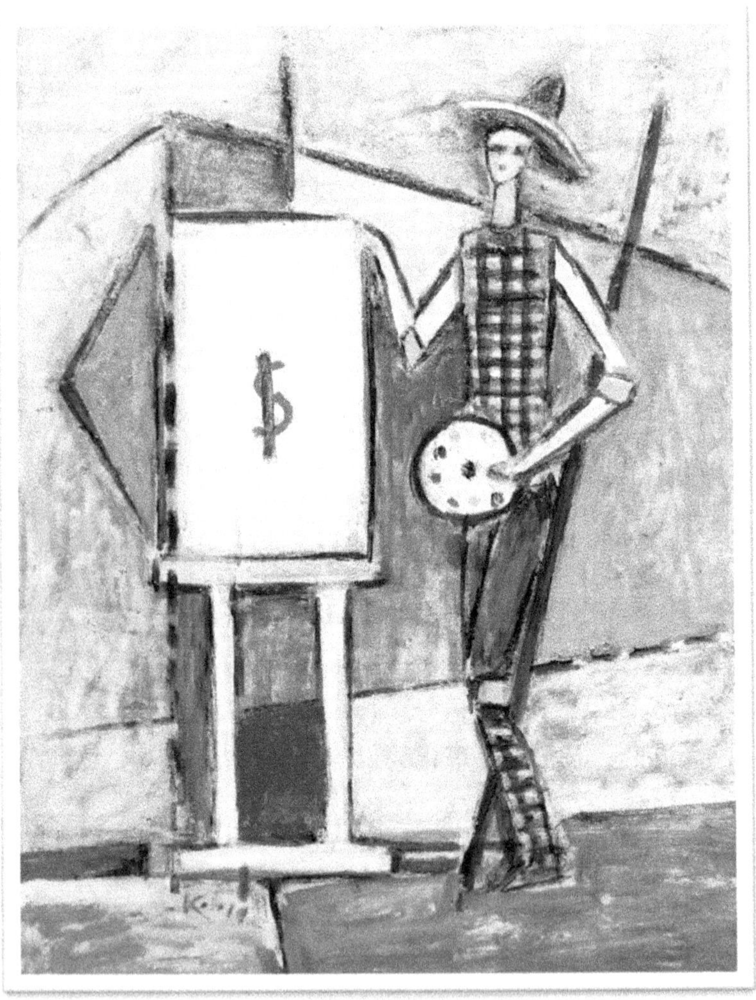

Katalog Obrazów

Spis Treści

Tomiki wierszy
Katarzyny Nowocin-Kowalczyk

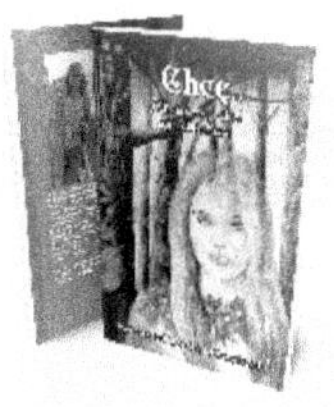

Chcę…
Historia Pewnej Miłości
Wierszami Spisana

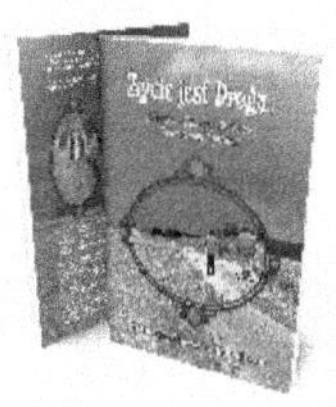

Życie jest Drogą
Historia Pewnej Podróży
Wierszami Spisana

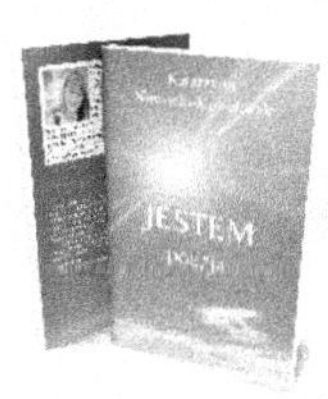

Jestem
poezja

www.ingramcontent.com/pod-product-compliance
Lightning Source LLC
LaVergne TN
LVHW010618100826
845148LV00014B/3018

9798987610046